Photo Credits

Copyright © Julia Luckenbill：1, 4, 52, 55, 69, 89, 108, 112, 115, 124, 128, 130
Copyright © 三槐堂保育园：17, 23, 25, 31, 32, 37, 46, 51, 78, 85, 101, 105, 110
Copyright © 北京小花玩舍日托中心：66, 76

THIS IS PLAY

Environments and Interactions that Engage Infants and Toddlers

0—3岁婴幼儿游戏

适宜的环境创设与师幼互动

〔美〕Julia Luckenbill，Aarti Subramaniam，Janet Thompson / 著

张和颐　尹雪力 / 译

中国轻工业出版社

图书在版编目（CIP）数据

0—3岁婴幼儿游戏：适宜的环境创设与师幼互动／（美）朱莉娅·卢肯比尔（Julia Luckenbill），（美）阿尔蒂·萨布拉马尼亚姆（Aarti Subramaniam），（美）珍妮特·汤普森（Janet Thompson）著；张和颐，尹雪力译．—北京：中国轻工业出版社，2022.5

ISBN 978-7-5184-3767-2

Ⅰ.①0…　Ⅱ.①朱…②阿…③珍…④张…⑤尹…　Ⅲ.①婴幼儿－游戏－基本知识　Ⅳ.①G613.7

中国版本图书馆CIP数据核字（2021）第256037号

总 策 划：石　铁
策划编辑：高　君　　责任终审：张乃柬　　责任校对：万　众
责任编辑：张天怡　高　君　　责任监印：刘志颖

出版发行：中国轻工业出版社（北京东长安街6号，邮编：100740）
印　　刷：三河市双升印务有限公司
经　　销：各地新华书店
版　　次：2022年5月第1版第1次印刷
开　　本：710×1000　1/16　印张：10
字　　数：87千字
书　　号：ISBN 978-7-5184-3767-2　定价：52.00元
读者热线：010-65181109，65262933
发行电话：010-85119832　传真：010-85113293
网　　址：http://www.chlip.com.cn　http://www.wqedu.com
电子信箱：1012305542@qq.com
如发现图书残缺请拨打读者热线联系调换
210927Y1X101ZYW

译者序

本书是一本实用的早期教育指导手册。它强调了游戏在0—3岁婴幼儿身心发展中的关键作用，并详细阐述了如何在日常照护中，通过适宜的环境创设和高质量的师幼互动来促进婴幼儿健康发展。它还是一本婴幼儿照护服务指南。在安全规范的婴幼儿照护服务已成为我国迫切的民生需求的情况下，它能够为婴幼儿照护者提供科学的育儿指导，促进照护服务质量的提升。

本书能够为我国婴幼儿照护服务机构的从业者、婴幼儿家长，以及高校早期教育相关专业的师生带来宝贵启示。它具有以下三个特点。

第一，内容丰富，结构合理。全书共5章内容。第1章着重介绍了早期发展阶段中游戏的内涵、类型、价值，以及成人在婴幼儿游戏中的重要作用。第2—4章分别介绍了0—9个月、8—18个月、16—36个月这三个年龄段儿童的发展规律、游戏特点，以及教师应如何为婴幼儿的游戏提供支持。第5章强调了观察和尊重个体差异的重要性，举例说明了如何为不同气质类型、发育迟缓和有特殊需求的婴幼儿提供适宜的环境和回应。除了强调教师应提供支持外，作者还提出引导特殊儿童参与同伴游戏、融入集体的必要性。

第二，理念科学，观念新颖。本书作者强调，即使是面对非常年幼的儿童，教师也应尊重他们想要独立尝试的意愿，鼓励他们引领游戏，从而促进他们在认知、动作、语言、情绪和社会性等方面的发展。同时，教师应注重观察婴幼儿的兴趣和需求，为其创造符合发展水平的游戏机会，并在必要时进行示范和指导。科学照护婴幼儿并为其游戏提供高质量的支持，需要教师读懂婴幼儿通过行为所传达的信号，并及时做出回应。

第三，立足实际，案例翔实。本书作者将早期儿童心理发展规律与早期教育实践相结合，用来自托育一线的生动案例阐述了婴幼儿在游戏活动中的表现，以及如何合理调整环境和互动方式以满足婴幼儿随年龄增长而不断变化的游戏需求。真实教育情境中的丰富案例能够让读者在轻松阅读的同时，准确理解并有效实施书中所传达的教育理念和策略。值得强调的是，对0—3岁的婴幼儿来说，游戏往往与日常照护密不可分。因此，除了与支持婴幼儿游戏相关的丰富经验外，本书还为婴幼儿照护者提供了科学、易操作的照护服务指导。

翻译本书的过程就像其主题“游戏”一样，充满乐趣。本书由我与我的学生尹雪力合作翻译完成。书中兼具科学性和趣味性的内容让我们在翻译时身心愉悦、受益匪浅。我们相信读者同样能够获得积极的阅读体验。感谢本书作者为我们带来这样一本精彩的著作。作为译者，我们真心希望早期教育同行以及其他关注婴幼儿发展的读者能够从本书中获得启示，共同为促进婴幼儿的健康成长贡献力量。此外，为了便于读者更好地理解书中内容，我们邀请三槐堂保育园和北京小花玩舍日托中心提供了一部分老师和孩子互动的照片，在此表示真诚的感谢！

在翻译过程中，我们力求在忠实原文的基础上，兼顾国内读者的阅读习惯。但受水平所限，翻译中难免存在不足和疏漏之处，敬请读者批评指正。

张和颐

2021年12月于北京师范大学

目　录

导　言

游戏常被人们视作认真学习中的放松时刻。但对儿童来说，游戏就是认真学习。

——《为什么游戏是童年的工作》[1]

儿童生命头三年的经历，为他们以后牢固的人际关系、富有成效的学习以及健康的社会性和情绪技能发展奠定了基础。从呱呱坠地起，婴儿就积极投入地尝试理解周围的一切。他们先是观察，然后用任何吸引他们注意的东西做实验，测试自己解决问题和促使事情发生的能力。他们与周围的人互动，并在同伴的积极回应下进一步受到鼓舞和推动。在婴幼儿时期，随着技能与理解能力的稳步增长，他们敢于离开他们所信任的教师身边去进一步探索自身的兴趣。他们的自信心增强了。

儿童在游戏中实现了这一切。游戏激励他们建构并测试自己不断增长的能力，包括与周围的人积极互动、完成体能与智力活动，以及表演自己通过想象创编的故事。在游戏中，他们选择和追求自己的兴趣，并主导自己的学习。

1　Fred Rogers. *Why Play Is the Work of Childhood*. ——译者注

作为一名婴幼儿教师，你肩负着一项重要责任，即基于每个儿童的兴趣、能力和发展进程来促进他们的游戏，帮助他们在各个领域获得全面发展。为此，首先，你需要深入了解儿童早期发展的相关知识。然后，在此基础上观察和记录每个儿童的发展情况。这种持续的记录能够指导你建立一套真正个性化的课程，它以儿童的游戏和探索为中心，并兼含日常照护工作。

真正地熟知并了解每个儿童将有助于你：

> 决定如何与每个儿童进行个性化互动。

> 设计室内外环境，布置和投放适宜的家具、设备和材料，以激发儿童创造性地开展游戏的欲望，培养他们的新技能，增进他们的理解能力。

游戏就是婴幼儿的工作，他们需要你为他们的游戏提供持续不断的支持。在婴幼儿教室中，你应当将促进儿童的游戏与保障儿童的安全和对儿童进行日常照护同等认真地对待。当你重视并支持他们的游戏时，无论是从个体还是集体的角度，他们都将茁壮成长。

本书中使用的术语

如果你正从事照护婴幼儿的工作，那么你可能会称自己为一名照护者（caregiver）。你的一日生活就是照护婴幼儿，为他们提供所需的照料，并与每个婴幼儿都建立一种安全、信任的关系。在本书中，我们选择使用教师（teacher）一词描述你在婴幼儿照护机构中的角色。你是一名婴幼儿教师，就跟幼儿园教师和小学低年级教师一样，是儿童早期教育工作者。同时，“教师”这一称呼，是对成为该职业从业人员所需的专业技能、知识及训练的认可。你根据自己对婴幼儿发展路径的了解以及自身支持婴幼儿发展的能力，与每个婴幼儿进行回应式、游戏性互动。此外，我们使用教室（classroom）一词指代任何供婴幼儿与教师一起进行探索、学习及拓展自我的空间，它可以是托幼中心、学校、家庭托儿所，也可以是其他类型的托幼机构。

发展适宜性实践

你关于如何促进婴幼儿游戏与学习的决定，包括如何与家长合作来促进婴幼儿的游戏与学习，都能从有关儿童如何发展以及有效的保教实践的研究中得到指导。你的知识、经验以及你与儿童的关系，将指导你为婴幼儿提供新颖性和挑战性都刚刚好的材料或活动来激励他们，而非让他们感到压力重重、不知所措。

通过游戏，你为婴幼儿搭建了一座桥梁，将他们当前的知识和能力与新知识、新理解连接起来。不过，这需要你考虑以下几点：了解婴幼儿的整体发展情况和个体学习方式；设立切合实际的学习目标；根据每个婴幼儿的文化背景以及他们当前的兴趣、知识和能力来制定相应的策略。

当你提供活动并选择适宜的策略来支持婴幼儿的游戏时，请牢记以下几点（NAEYC，2009）：

- 以儿童的年龄段发展特点和水平为基础。你应了解班级中这个年龄段儿童的一般能力和兴趣，从而获悉哪些活动和互动可能适合他们，并为他们设立切实可行的目标。
- 考虑每个儿童的兴趣与能力（当儿童被邀请自主选择学习机会时，他们通常学得最好）。请记住，每个儿童都是独一无二的：每个儿童都以独特的速度发展，展现出自己的长处以及需要得到更多支持的领域。例如，当你发现一个婴儿不能拿到桌面上的学习材料时，你就需要将一些材料放在他能够拿到的较低位置，同时提供具体的机会和支持来鼓励他站起来。
- 提供尊重且能代表儿童的文化背景及家庭结构的材料和活动。这要求你从儿童入园前的环境创设开始就考虑到这一点，并随着儿童的成长以及新生的加入而不断地做出调整。

本书将指导你与婴幼儿进行游戏与互动，并在这个过程中尊重他们的个体发展和家庭文化、回应他们发出的信号，以及促进他们的最佳学习。本书第 2—4 章依次探讨了乳儿期、行动期和学步期婴幼儿的发展情况，以及支持和促进他们发展的环境和体验。每一章都包括以下内容：

> 对该年龄阶段儿童的发展与游戏情况的简要说明；
> 通过游戏来支持儿童发展的建议；
> 有关教室环境创设和材料投放的实践指导。

观察儿童，回应他们发出的信号，提供支持性环境，并热情地加入他们的游戏——所有这些都为你和婴幼儿建立信任关系奠定了坚实的基础，进而赋予婴幼儿探索世界的力量，为他们插上探索世界的翅膀！

第 1 章

游戏之于婴幼儿的重要性

当我们认识到游戏在儿童了解自我和世界的过程中所扮演的重要角色后，我们应该给予儿童充足的时间和机会去开展自发性游戏，而这无疑是他们充分发挥所有的认知、情绪及社会性潜能的最佳方式。

——《游戏的智慧：儿童如何学会理解世界》[1]

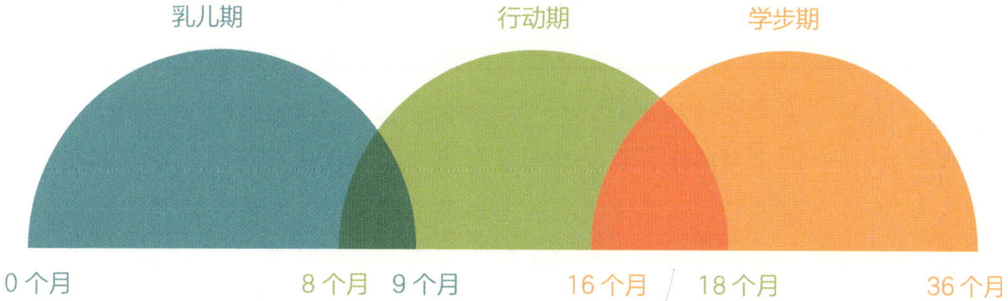

[1] David Elkind. *The Wisdom of Play: How Children Learn to Make Sense of the World*. ——译者注

虽然婴幼儿的游戏看起来与大孩子的游戏不同，但婴幼儿阶段正是游戏萌发的时候。游戏植根于新生儿与周围的人及世界所形成的早期关系。例如，他从第一次社会性微笑中得到的回应，支持他后来与你及他人进行更复杂的互动。这些互动是游戏行为的开始，比起学龄前儿童的更典型的游戏活动，它们可能很难被识别为游戏。

一个年幼的儿童在游戏时可能看起来很随意、没有条理，或者好像什么都没有发生。例如，当一个学步儿走在潮湿的街道上时，他可能把小脚丫伸到每个小水坑里都踩一踩，然后盯着溅起的水花再踩几脚。当你仔细观察时，你会发现这个儿童正忙着游戏，也正忙着学习。他正在探索因果关系（我能用脚溅起水花），进行比较（踩得越用力，水花越大），以及感知水花溅到皮肤上带来的不同感觉（干湿对比）。通过这样的游戏，儿童实际上正在学习科学和数学的基本原理（Cohen & Emmons，2017）。

下面，让我们通过几个案例来看看婴幼儿的游戏到底是什么样子的。

6个月、15个月、24个月和30个月儿童的游戏

托马斯（6个月）正趴在地毯上，他的面前放着一篮子木质和塑料材质的拨浪鼓。他的眼睛和嘴巴都张得大大的，然后他尖叫了一声，伸手抓住一个亮橙色的花纹凸出来的拨浪鼓。他把拨浪鼓拿到嘴边，转动手腕，舔拨浪鼓的表面，直到鼓柄碰到嘴唇。他用嘴摩擦鼓柄，然后把拨浪鼓丢掉。而后，他又伸手拿起第二个木质拨浪鼓，重复刚才的过程。每个拨浪鼓都有自己独特的颜色和质地，托马斯在用嘴巴探索拨浪鼓的过程中开始了解这些特征。虽然这种探索是缓慢的，发生于其中的学习是不明显的，但是老师仍然让他用嘴去探索了几个不同的拨浪鼓，并未打断他的游戏，也并未试着向他展示拨浪鼓的新玩法，比如，摇动拨浪鼓。她只是向托马斯描述了他所探索的拨浪鼓的不同质地。

朱尔妮（15 个月）正在探索一个只有三个拼块的拼图。她拿起两块拼图，但是并没有把它们放回到拼板上，而是像敲镲一样敲它们。然后，她试着把一块拼图塞到嘴里。很可惜，失败了。她扔下拼图，晃晃悠悠地走了。朱尔妮的老师可能会选择在另外某一时间指导她把拼图放到拼板上，但此时此刻他意识到，朱尔妮正在以自己的方式了解拼图，这一收集知识的过程也是有效的。

伊斯特（24 个月）的怀里抱着一个塑料娃娃，他轻轻地来回摇晃它，然后把它放在沙发上。而后，他走到娃娃家的一角，拿起一条毛毯，又走回到娃娃旁边，将毛毯轻轻地盖在娃娃身上，并把它的脸露出来。他吻了吻娃娃的脸，然后转身去拿小写字板和铅笔。

伊斯特的行为向老师表明，他观察过并能够模仿他的家人是如何照料他的小表弟的。他的老师知道，家庭里诞生了一个小宝宝对小孩子来说是一个重大的生活变化，所以老师给伊斯特提供了一个空间和道具让他可以通过游戏来“讲述”他的生活。

在一个家庭托儿所里，孩子们正在户外观看有关蜜蜂的展览。莎拉（30 个月）则专注地观察着地面上成堆的橡树花粉和尘土。她看到一个大一点的孩子用一根棍子在土堆中画画，于是就模仿他，用一根小棍子在土堆中描绘出椭圆形。接着，她把树枝堆起来。她注意到了树枝堆里的小橡子，就把它们递给老师，询问这么小的东西究竟是不是橡子。

莎拉的老师并未试着将莎拉的注意力重新集中到蜜蜂展览上。她知道，莎拉正在了解尘土的特性，同时在画画和捡东西的过程中提升了精细动作技能，在给橡子分类并思考它们大小的过程中学习了数学。此外，莎拉还在进行平行游戏（即模仿旁边的同伴，以相似的方式运用材料进行游戏，但彼此互不影响）。

上述案例中的所有婴幼儿都在以他们最擅长的方式进行学习：不是通过教师的直接指导或被教授以某种方式使用材料，而是在教师精心投放的众多玩具和材料中自主做出选择，并在熟悉他们的教师的照看下自主进行探索。他们正以自己的方式热切地研究这个世界以及它是如何运作的。他们的老师了解他们的兴趣和能力，知道学习可能在游戏中发生，也明白何时应上前介入、何时应在一旁观察。

本书采用以下婴幼儿年龄阶段划分方式

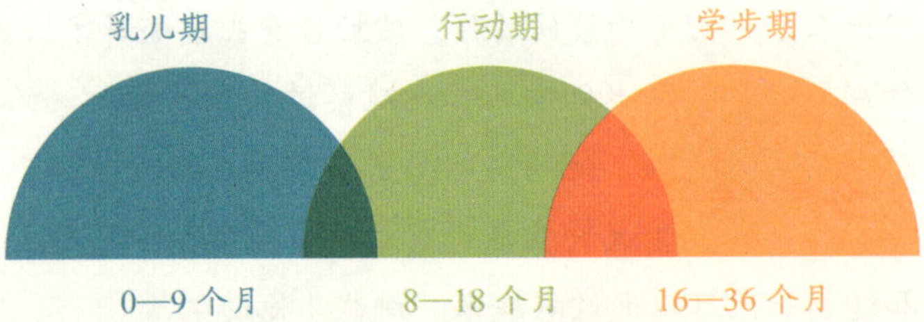

改编自：美国幼儿教育协会《0—3 岁婴幼儿发展适宜性实践》。

游戏是什么，对婴幼儿来说意味着什么

正如游戏本身一样，游戏的定义也是多种多样的。美国心理学家彼得·格雷（Peter Gray，2008）指出了人们所普遍认同的几个游戏特征：

> 游戏是由游戏者自主选择的、以游戏自身为目的的活动。

> 游戏者决定游戏的内容，包括游戏的结构与规则。

> 游戏者可以随时结束游戏，他们参与游戏但不会被游戏困扰。

> 游戏是由想象塑造的，所以它遵循的规则与现实生活中的规则不同。

通过游戏，儿童学会了坚持、互动、参与、创造以及实践并分享自己的想法。游戏肯定和激发了儿童的创造力，帮助他们“打破固有的思维方式”，培养了他们的创新性思维，让他们可以为世界贡献自己的想法。正如皮亚杰所说，“新事物是如何产生的？游戏就是这个问题的答案”（引自 Elkind，2008，3）。

当儿童与你一起进行开放性游戏或者自主进行开放性游戏时，他们也正在为以后的学习奠定基础（Peterson，2012）。同时，他们还将习得社交技能，学习与他人进行良好合作，而这些对他们的班级生活、家庭生活甚至最终的学业成功都至关重要。

游戏的类型

了解婴幼儿的不同游戏方式，将有助于你为他们当前的游戏提供支持，并逐渐引入更复杂的互动和探索活动。以下是一些常见的婴幼儿游戏类型。

人际交往游戏：婴幼儿与同伴或婴幼儿与教师之间的社会性和情绪交流，是他们游戏的一种基本形式。通过与教师互动，婴幼儿将教师当作探索环境的“安全基地”（secure base）。同时，这些互动也有助于婴幼儿发展自我意识。游戏举例：躲猫猫。

探索游戏或感知运动游戏：婴幼儿通过探索物体来了解它们是什么，以及能用它们来做什么。游戏举例：敲打、啃咬、摇晃、抓握、投掷物体。

关系游戏：婴幼儿探索如何在游戏中把物体组合起来。他们通常会观察物体的使用方法，并进行模仿。游戏举例：用罐子倒果汁，或用勺子在杯子里搅拌。

建设性游戏：婴幼儿使用积木、沙子、颜料等开放性材料进行创造。他们能够先构思，然后再尝试进行创造。游戏举例：把几块积木堆叠起来，或把被卡在管子里的球取出来。

象征性游戏：也被称为角色扮演游戏或假装游戏。在这类游戏中，婴幼儿通常会将一个物体当作另一个物体。他们还可能与几个游戏伙伴一起表演一些简单的故事情节。游戏举例：在假想的厨房里把沙子当作食物，并各自扮演角色。

追逐打闹游戏：这类游戏可以发生在各个年龄段，其特点是伴随着儿童嬉戏般的身体动作。游戏举例：爬到其他婴幼儿的身上，或拉扯争夺一块布。

游戏对婴幼儿的发展至关重要

早在婴幼儿能够使用语言来提出有关周遭世界的问题之前，他们就开始用感官探索世界了。他们看、听、尝、嗅、摸、移动，按照自己的节奏探索和发现世界，以拓展自己的认识和理解。

获得技能和知识。游戏能够支持婴幼儿各个领域的发展，包括：社会性和情绪、语言、认知、自理能力、大动作和精细动作。通过积极地探索物体和他人，婴幼儿获得了以下发现（piaget，引自 Maguire-Fong，2015）：

> 物体的特征或属性，如软、重、滑、冷等。
> 物体之间的关系，如大小、顺序、数量、模式、因果关系以及时间的先后等。
> 人们在跟他人和世界沟通并增进理解时所使用的语言与行为。

游戏是帮助婴幼儿朝着你为他们所设定的学习目标前进的工具。游戏培养了婴幼儿的终身技能，如解决问题、与他人互动和协商、调节情绪、敢于冒险、灵活性、心理弹性以及自主性等。

一种练习方式。游戏也是婴幼儿为实践成人任务做准备的一种方式。当一个学步儿模仿你换尿布的流程时，他的游戏可能看起来稀松平常、无足轻重。然而，这一游戏可以让他实现双重目标：掌控他现在所处的世界，并为他将来应对新挑战培养了自信心和技能。

调节情绪和行为。在学习如何移动、说话和发起事件的同时，婴幼儿也逐渐学会了集中注意力、控制冲动、做出决定、管理强烈的情绪、克制想要立刻推人或抢夺某物的欲望，以及协商游戏规则等。游戏是婴幼儿练习这些复杂的自我调节能力的绝佳方式，因为与他人游戏的乐趣会激励他们发展自我调节能力（Galinsky, 2010）。例如，在你的大力支持下，学步儿在游戏中逐渐学会运用所有游戏者都满意的方式来解决有关玩具或游戏计划的争端。

电动玩具和屏幕设备

许多婴幼儿玩具都带有闪光灯，能发出噪声和音乐。请注意，这些玩具可能会过度刺激婴幼儿，并使教室变得喧闹不堪、混乱一团。

视频和手机应用软件，有时会被厂家营销为让宝宝变得更聪明的工具。但是，与婴幼儿进行面对面的互动，会让你成为比屏幕或设备更有效的游戏和学习伙伴。当你对一个孩子说话、唱歌或对他回以微笑时，你正在向他展示人际交往的作用，而这是他从玩具或屏幕上无法学到的。这些互动能有助于婴幼儿完善沟通和语言技能，同时教师的微笑也向他们表明：他们是被珍视和关爱的，他们的想法是令人兴奋、值得探索的。在本书中，你会得到一些有关材料和活动的建议，它们比大多数电动玩具和设备更适合婴幼儿，也更能支持他们的发展。

游戏有助于婴幼儿应对压力和冲突

当婴幼儿在游戏中遇到挑战或困难时，比如，球进不到洞里，没有足够的铲子供所有的孩子使用，一个孩子做的“树叶毯”被同伴弄坏了……他们将逐渐学会处理这些令人沮丧的或具有挑战性的情形并努力解决问题，而不是发泄情绪或停止游戏。在游戏中，婴幼儿学会以建设性的方式应对挑战，就像下面案例中的安塞尔和弗里达那样。

平息两个学步儿的勺子争端

安塞尔（27 个月）和弗里达（26 个月）正站在“沙子厨房”中的一个塑料娃娃前，这是一个用来进行象征性游戏且有真的自来水的“假想的厨房”。“这里有两个勺子，你一个，我一个。”安塞尔一边说，一边把两个小塑料勺放到一个碗里，然后他向一堆盘子走去。弗里达拿起这两个小勺子，像使用沙拉夹那样把沙子舀起来放到碗里。他们的老师评论道：“噢，安塞尔在摆桌子，你在做饭，弗里达。”“这是意大利面！”弗里达叫喊道，“它的味道好极了！”“安塞尔拿起了一个公勺，它很大。”当安塞尔拿起一个大勺子时，教师如此评论道。

教师继续解说：“弗里达正在用两个勺子做饭。”安塞尔看了看碗，发现两个勺子都不见了。他皱着眉头看向弗里达。“我也需要一个小勺子！”他大声地说。弗里达咧嘴一笑，递给他一个勺子，然后他们都笑了。之后，他们一起把“意大利面”放到盘子里。

在这个扮演服务员的游戏中，虽然弗里达改变了安塞尔对于勺子的安排，但是教师看到，安塞尔表现得比以往更有耐心。他能够放松地加入游戏把“饭菜”端上桌，而没有因为弗里达忽视了他的分享勺子的提议（“你一个，我一个”）而生气。他们的老师通过巧妙的解说，帮助两个孩子看到了彼此的游戏意图——他们都尝试参与对方的活动和分享自己的游戏想法——并让游戏顺利地进行下去。

游戏有助于婴幼儿集中注意力

在进行游戏时，儿童的注意力会得到发展，他们集中注意力的时间会持续得越来越久（Wang & Barrett，2013）。一个乳儿期的儿童可能只会注意你的鬼脸一小会儿。一个行动期的儿童专注的时间会长一些，他的视线会一直追随着几个球沿着斜坡滚下来，然后掉到架子下面。一个学步期的儿童则可能坚持拼好一个含有 9 个拼块的手抓板拼图。这种积极专注地完成一项挑战性任务的状态，通常被称为“心流状态”（Csikszentmihalyi，2014），它是儿童在游戏中发展出的一种心理状态。当儿童进入更复杂、更具挑战性的学习环境时，这种状态尤其重要。当儿童游戏时，你可以做出评论或给出建议，拓展他们的语言或行为，改变某项活动或稍微提高某项活动的难度，以此来鼓励他们坚持进行尝试。

30 个月大的迈尔斯

妈妈：什么是游戏？

迈尔斯：呃，妈妈？

妈妈：你怎么知道自己在游戏呢？

迈尔斯：因为我的朋友在那边。

游戏支持婴幼儿的创造力发展

当婴幼儿在游戏中探索和解决问题时，他们就会发展创造性思维能力。例如，当你向幼儿演示了一个玩具的玩法后，他们通常只会按照你演示的方法来玩这个玩具，然后不久就把它丢在一旁。然而，当你鼓励幼儿自主探索玩具的玩法时，他们会长时间地专注于这项任务，并且会发现很多新的或更有效的玩法（Bonawitz 等，2011)。虽然在婴幼儿游戏时与他们互动，并回应他们发出的信号很重要，但是如果你能减少对他们游戏的主导，并寻找方法来支持他们自己的游戏想法，那么他们将学到更多，也将会更加投入。本书第 2—4 章为你提供了许多实用性策略。

当婴幼儿与他人一起游戏时，他们开始能够控制想要占有游戏材料而不让他人玩的冲动！他们学着思考其他更具创造性，或能满足其他儿童的需求和兴趣的做法。这一过程可能需要数年时间才能完成，但是通过社会性游戏，婴幼儿建立了解决问题的自信心，并相信自己能够创造性地应对生活中的挑战（Berk & Meyers，2013）。

为什么成人要促进婴幼儿的游戏

即使婴幼儿没有得到本书所描述的这种教师支持，他们也能在游戏中学习。那么，为什么教师在婴幼儿游戏时的用心支持很重要呢？

拓展婴幼儿的学习机会

当你为婴幼儿提供了及时的反馈和适宜的支持时，你就在“支架”（scaffold）他的学习，即引导他学习和完成一些他自己当下还无法完成的事情。你可以描述婴幼儿当前的行为，提出开放式问题，与他们进行互动，或在婴幼儿需要时提供材料，从而拓展婴幼儿在任何一个游戏中学习的可能性。

关注婴幼儿的需求和想法并与他一起探索材料，这样做将有助于你：

- 给婴幼儿的游戏行为和玩具命名，从而丰富他们的词汇量；
- 邀请婴幼儿与你或同伴轮流参与游戏以及解决冲突，从而支持其社交技能的发展；
- 向婴幼儿提示一种新的游戏点子或技巧，或者将游戏与他们生活中的事物相联系，从而拓展他们的游戏和鼓励他们进行更复杂的思考；
- 在婴幼儿遇到困难或棘手问题时，引导他们找到解决的办法（首先，告诉他们探索活动进展不顺利的确会让人感到很受挫，然后温柔地帮助他们重新专注于探索活动），从而培养他们的坚持性。

支架婴儿的学习

内森老师和米丽娅姆（18个月）坐在一起。米丽娅姆从一篮子色彩鲜艳的牙胶项链中挑选出一条按在头上，然后皱起了眉头。内森老师评论道：“看来你想把项链穿过头顶戴在脖子上。你看起来很沮丧，它的确很难。”米丽娅姆看着老师。“你的妈妈也戴着一条项链，”内森老师继续评论道，“我想知道，她是不是先把项链打开，再戴在脖子上？也许，她是用双手把项链打开的。”米丽娅姆把项链递给内森老师。内森老师用双手打开项链，然后戴上它。之后，他又拿了一条项链递给米丽娅姆。米丽娅姆皱着小脸抓住项链，然后像内森老师所示范的那样打开并戴上它。她咧嘴笑了。“你做到了！”内森老师欢呼道，“现在我们都戴着项链！”卡莱奥（19 个月）走过来，盯着米丽娅姆的项链。“嗨，卡莱奥，”内森老师说，“我和米丽娅姆都戴着项链呢！你想戴我的这条项链吗？”他摘下项链递给卡莱奥，他的这一行为再次向儿童示范了轮流使用材料。卡莱奥笑着接过了项链。

帮助婴幼儿识别和控制自己的情绪

当你观察到婴幼儿在游戏中面临着挑战时，你可以就所见所闻做出评论，并帮助他们找到令人满意的解决办法。这样一来，你就能帮助婴幼儿处理和控制自己的情绪。例如，当你观察到一个学步儿反复给一个布娃娃“换尿不湿”时，你可以用肯定的语气对他说：“照顾一个新出生的小弟弟或者小妹妹是一件多么不容易的事啊！你是一个非常棒的大哥哥！”

再例如，当你听到一个学步儿要求和布娃娃待在一张床上时，你可以评论道：“布娃娃必须要有一张新的大床了。”这样就为这个学步儿创造了空间，让他能够向你这个支持者表达自己的感受。

促进婴幼儿的游戏意味着什么

为了让婴幼儿充分地体验到游戏和与他人互动的益处，你需要这样做：给他们提供安全感，在恰当的时间提供适宜的刺激和支持，保持轻松和有趣，以及满足他们的个性化需求。

提供一个安全基地

婴幼儿的游戏是在有安全基地的前提下发生的。安全基地是指婴幼儿可以信任的人，也是婴幼儿在感到焦虑不安或者沮丧难过时可以向其求助的人。安全基地既是婴幼儿的“避风港”，让他们感到安全可靠；又是他们的“充电站”，让他们能够再次能量满满地出发去探索世界。

婴儿的“避风港”

詹姆斯（8 个月）躺在草坪上，紧紧地依偎在老师身边。他抚摩着小草，然后捏着几片叶子举到面前。他的老师评论道：“你在抚摩小草，它们很柔软。”虽然他的老师只是坐在詹姆斯身旁描述他的行为，看似没有做太多事，但是她对詹姆斯的游戏至关重要。她的存在和平静的语调就足以让詹姆斯感到很安全，从而放心地去探索世界。

学步儿的“充电站”

埃莉娅（26 个月）喜欢跑过草坪去爬滑梯。她爬上滑梯的台阶，然后转身冲着老师咧嘴笑，确认老师正在看着她。然后，她从滑梯上滑下来，跑回到老师身边，老师给了她一个大大的拥抱，并评论了她所取得的“伟大”成就。之后，埃莉娅再次跑过草坪去滑滑梯。埃莉娅的行为是幼儿寻找安全基地的一种表现。当一个学步儿探索新的空间时，他需要时不时地回到他所信任的老师身边“充电”。

对婴幼儿来说，探索托幼机构的环境是一种很勇敢的行为。他们离开熟悉的家庭环境和家人来到一个完全陌生的地方——托幼机构，而且稍后家人也会离他们而去！许多婴幼儿会抗议这种分离，他们可能会大哭，也可能表现出退缩行为。对你来说，你要能够预见、支持和回应婴幼儿的这些感受，以此与婴幼儿及其家庭建立联系。这一点至关重要。

当婴幼儿感到很安全，当他们觉得自己的需要能够得到满足

（Erikson，1950），当他们学会接受分离并且知道家长每次都会回来接自己时，他们就能安心地进行探索和学习了。作为一名婴幼儿教师，你要能为婴幼儿提供这种安全感和信任感。你要能对婴幼儿发出的信号及其家长的行为和情绪保持敏感，并及时做出回应。

运用你所了解的有关儿童发展的知识

了解婴幼儿的总体发展特点和个体发展特点，将有助于你进行课程设计、环境创设，以及为每个婴幼儿提供个性化的学习体验。它也有助于你留意到婴幼儿可能存在的发展迟缓问题，从而设计活动来满足他们的需要，拓展他们在游戏中的学习。

从婴幼儿的当前水平出发，逐渐提高复杂性。你应该了解每一个婴幼儿当前能做什么，以及他下一步准备好做什么。这样一来，你就可以确定从哪里开始跟他共跳一支“社会性—情绪”之舞，也就是从哪里开始与婴幼儿建立联系。同时，你也将知道如何通过游戏性互动来支持和拓展婴幼儿的技能。

例如，你知道婴幼儿在与环境互动时会接收许多视觉、听觉、嗅觉、味觉以及触觉等方面的信息，也知道他们会利用这些感官信息来尝试一些新的想法，那么你就可以为他们提供大量的机会来操作各种各样的物体，并邀请他们进行社会互动。

对于幼小的婴儿，你可以为他们提供一系列无论抓握、啃咬还是敲打、投掷都安全的物品。对于他们的号啕大哭和咿呀学语，你也要及时做出回应，这向他们示范了如何回应他人的交流意图。随着他们年龄的增长，你要为他们规划更复杂的学习机会以匹配他们逐渐发展的能力，这些能力包括：更加有意识地使用工具和其他物品，解决基本的问题，以及采用更复杂的方式进行互动。

例如，在乳儿期婴儿所在的教室里，你可以提供一篮子质地不同的球供他们探索。当他们长大些，你可以提供一个顶部有两个洞的落球箱，这样大多数球就能穿过洞垂直落到箱子的底部并被再次取出。一旦婴儿掌握了这项活动，你就可以为他们提供一个滚弹珠的玩具，邀请他们追踪弹珠滚动的斜线路径，甚至可以鼓励他们拆开玩具、重新设计路线。由此可见，每个玩具都建立在前一个活动所涉及的关键概念的基础上，并根据儿童新近发展的技能及玩具探索方式增加复杂性。

对婴幼儿的新颖探索方式持开放的态度。成人通常会像聚光灯那样专注于自己手头的事情。然而，婴幼儿更多地像白炽灯那样体验事物，他们的注意会分散到四面八方，并同时接收许多信息（Gopnik，2009）。当你围绕婴幼儿的某一特定兴趣和发展需求投放材料时，你可能希望婴幼儿以某种方式来使用它们。但是，与婴幼儿协作需要你对婴幼儿的材料使用方式保持开放的态度，因为他们有可能通过各种方式来使用和了解材料，而且这些方式都是非常有价值的。婴幼儿的想法和游戏能让你更加了解你自己，也让你更愿意做出调整去适应他们。

创设并维持有目的的环境

室内外环境与材料为婴幼儿的学习提供了背景和灵感。因此，当投放材料并邀请婴幼儿使用它们时，你必须深思熟虑。空间本身应当吸引婴幼儿，而非令他们不知所措。

环顾一下你的教室环境，看看婴幼儿是如何回应它的。如果教室里的材料太多，那么婴幼儿可能会受到过度刺激，从而无法集中注意力。如果材料太少或材料不常更新，那么婴幼儿可能会因为争抢玩具而发生冲突，或对材料感到厌倦。如果材料本身只能供婴幼儿进行一些基本的探索，那么它们就不具挑战性，时间一长也会导致他们发生冲突或产生厌倦心理。此外，墙壁上的视觉混乱容易分散婴幼儿的注意力；墙壁过于单调则给人一种制式化的感觉，而非像家一样的温馨氛围。

婴幼儿既需要刺激，又需要能够让他们平静下来的环境。为了平衡这两方面的需求，你需要精心创设“平静的环境，同时聚焦于顺应婴幼儿的发展特点来促进他们的学习。投放的材料应当是开放性的，同时不会让婴幼儿感到不知所措。每间婴幼儿的教室都可能互不相同，但这些原则是共通的”（Peter Mangione，2015）。

你要精心规划教室的每一个区域，使它既能邀请一定数量的学习者投入其中（例如，并排放置两架玩具钢琴），又能便于教师温柔地引导婴幼儿进行游戏（例如，有足够的位置让你坐在两个钢琴演奏者旁边）。教室里既要有供婴幼儿休息的区域，并将其布置得温馨、舒适、吸引人，又要有供婴幼儿移动和探索的区域。此外，你还需要投放一些能反映婴幼儿的家庭、文化背景及个人兴趣的物品。第 2—4 章就如何为婴幼儿创设具有吸引力的学习环境提供了更详细的建议。

采用回应式游戏策略

在支持和丰富婴幼儿的游戏方面，最重要的一个策略是敏感地注意到他们发出的信号，读懂它们并做出回应。照护婴幼儿并支持他们的发展，这需要你了解他们千差万别的思维和游戏方式，并适应他们的需要。

在与婴幼儿共处时，有时你需要放慢脚步，有时你需要加快速度，有时你需要暂时从互动中抽离出来。作为成人，你可能很快就对一片落叶感到厌倦，然而，婴儿会沉迷于探索它，他可能撕碎叶子、扔叶子，也可能用它来拍打草坪。因为游戏是婴幼儿探索世界的工具，所以你也必须参与他们的游戏，但是必须按照他们的方式且尊重他们的兴趣和能力。

婴幼儿的探索和学习并不总是按照教师制订的时间表发生。在与婴幼儿共处时，你经常面临一个两难选择：是追随婴幼儿当前的兴趣，还是坚持实施原定的作息安排或活动计划？此时，你需要考虑一下：当你把原定的计划暂时搁置一边去追随婴幼儿的兴趣时，他们可能会进行怎样的学习。

在下面的案例中，一个婴儿在吃点心前发现了一些绿色颜料。面对这种情况，两位教师的反应截然不同。

教师 1 与婴儿

一个大一点的婴儿爬到感官桌前，拽着桌子站起来，然后开始涂抹颜料。大部分颜料都干了，但还有一些粘在她的手上。她睁大眼睛，盯着颜料，然后又盯着自己的手。她松开手跌坐到地板上，然后爬走了，留下一串绿色的小手印。老师叹了口气，把颜料和绿色手印清理干净。

教师 2 与婴儿

教师正打算清理桌面，为 5 分钟后的点心时间做准备，但是他注意到一个大一点的婴儿爬了过来，开始轻拍纸上的绿色干颜料。教师走过去，蹲下来，一边在纸上挤了一些湿的绿色颜料，一边解说他的行为：“我在纸上挤了一些颜料，你可以画着玩。”然后，这个婴儿把一些颜料涂抹到手上。教师笑着惊呼：“你有绿色的手啦！”婴儿盯着自己的绿色小手看了一会儿，然后继续在纸上涂抹绿色颜料。“现在，纸上也有绿色啦！”教师说道。

在第一个案例中，一些拓展婴儿学习的机会被错失了。在第二个案例中，婴儿有机会专注于研究颜色概念、发展动作技能、探索因果关系、扩展语言、将手当作绘画工具，以及体验一个有趣的感官活动。所有这些都是通过这个婴儿与教师的一个简单社会互动而完成的。这个互动以婴儿的游戏为中心，而不是为了快速高效地完成清理工作。

尽管每间婴幼儿教室里都有一些成人任务需要教师及时完成，但是，你可以选择送给婴幼儿一份“礼物”，那就是追随他们的脚步。

与婴幼儿一起游戏。加入婴幼儿的游戏，和他一起坐在地板上或坐在桌前玩。你要在他身边停留足够长的时间，让他意识到你已经注意到了他正在做什么，并且他的游戏是值得观察的。但是，请注意，千万不要因为沉迷于与某个婴幼儿的美妙游戏互动而忽视教室里的其他婴幼儿，以及他们的需求。

赋予婴幼儿独立探索的权利。你要允许婴幼儿自由地探索，并给他们提供自我照料的机会。当婴幼儿玩游戏或努力完成一项任务时，首先，你要静静地观察；然后，再决定如何支持和拓展他们的想法，而不是取代他们的想法。

巧妙地给出建议而不是快速地替他解决问题，是一门艺术。其中，一种方式是采用“我想知道”的句式。例如，“我想知道，比萨刀是否也能像擀面杖那样滚动。”这样的表述也许就足以支持婴幼儿去自行尝试一种不同的解决办法，而不是把你当作替他完成任务的工具。之后，你可以从活动中退出来，让婴幼儿继续玩游戏，而你只需要偶尔跟他确认一下进展是否顺利即可。在婴幼儿完成任务的过程中，如果你能鼓励他专注并坚持完成大部分工作，那么他就更有可能想出解决办法，并在遇到其他情形时再次运用这些办法。

支架婴幼儿的游戏和学习。当你搭建了一座桥梁，将婴幼儿的已有知识和经验与新知识、新理解联系起来时，你就是在支架他们的游戏

（Gillespie & Greenberg，2017）。由此，婴幼儿便有可能习得一个依靠他当前的能力还不能掌握或者理解的新技能或新概念。例如，你可以稍微改变一下婴幼儿的游戏，看看能否吸引他更长时间地参与并尝试一种新的策略。或者，当婴幼儿在拼图游戏中遇到困难时，你可以给他一些提示，然后逐渐撤回你的支持，直到婴幼儿能自己运用技能。本书探讨了很多支架婴幼儿的游戏和学习的策略。

解说婴幼儿的游戏。解说婴幼儿正在做什么，也是支架他们游戏的一个有效方式。这种方法有时被称为“体育节目解说”，因为你就像体育节目解说员一样，大声地描述游戏的情节，包括行为、观点和可能的下一步行动。你也可以解说你正在做什么。

如何决定解说哪些内容？以下一些建议供你参考：

- 使用**平行交谈的**方式评论儿童正在做的事情，例如，“你拿了一个红色的大球！”
- 使用**反思性语言**猜测儿童的感受和动机，例如，“你看起来很想扔掉它！”“奎恩看起来也想要一个球。”
- **扩展儿童所说的话**。你可以先重复他的话，然后把它扩充成一个长一点的句子，比如，“球？是的，那是一个红色的大球！”
- 使用**自言自语**来解释你正在做什么或将要做什么，让儿童可以预测接下来的事情，比如，“卡塔莉娜，你玩球吧，我去给你拿一张纸巾。我马上就回来。”

当你解说婴幼儿的游戏时，注意要让他们“沐浴在语言中”，而非被语言淹没（Lally 等，1998）。你要留意婴幼儿的肢体语言线索，以确定何时以及如何做出回应。他正在低头做事吗？如果是，那么，你在此时进行解说就可能干扰他的游戏。他正在抬头看向你，期待你做出反馈吗？他的脸上流露出沮丧的表情吗？他因取得了成功而面带微笑吗？如果是，那么此时你就需要进行解说，不仅可以表明你正在关注他，还有助于你支持他的语言发展。

牢记每个婴幼儿的特点。根据每个婴幼儿的独特气质和文化背景来调整你的回应方式。如果一个儿童在探索新活动时犹豫不决、缺乏勇气，那么你可以在他喜欢的领域逐步做出改变，以鼓励他尝试新事物。例如，如果一个学步儿喜欢玩面团和擀面杖，那么你可以在给他提供这些材料的同时添加比萨刀。如果一个学步儿在家里使用筷子吃饭，那么你可以邀请他在戏剧游戏区同时练习使用筷子和叉子，从而在文化适宜性的基础上培养他的自理能力。

你要了解每个婴幼儿的能力水平和个体差异。当婴幼儿需要帮助时，你可以助他们一臂之力，但同时要邀请他们跟你一起解决问题。例如，当一个婴儿因为按按钮的力气不够大而没有让玩具弹出来时，你可以说："安杰利琳，让我们一起玩吧。来，和我一起按下它。"之后，你要进行自我反思：对一个力气不够大的婴儿来说，这个玩具是不是太复杂了？

此外，你还要考虑到，在某些家庭文化中，成人会为婴幼儿做一些事情而不是让婴幼儿独立完成。有些家庭可能不鼓励孩子做某些活动。例如，许多婴儿在尝试进食时也会探索食物。如果你观察到一个婴儿不对食物做任何探索，那么可能是因为他在家中是由成人喂食的，也可能是因为他在家中不被允许玩食物。

随着婴幼儿的变化调整你的支持。在促进和提升婴幼儿的游戏经验时，你所采取的方式应随着儿童年龄的增长而改变。对于年龄较小的幼儿，你可以使用简单的词语来解说或描述他正在体验的事情。对于年龄大一点的幼儿，你要通过提问来促使他对某一事物的工作原理产生好奇，或者促使他去尝试一种新的做事方式。

摆脱标签的束缚

你可能很想知道，如何支持残疾儿童或发展迟缓儿童的游戏和社会互动。美国西部教育集团“一起开始”项目的负责人琳达·布罗表示，教师们可能已经掌握了将残疾儿童纳入班级的工具（Linda Brault, 2015）。当你把一个儿童身上的标签或你认为他身上贴着的标签摘掉，并考虑他在哪些方面可以获得发展时，你就可以调整你与他的游戏方式以及你所投放的材料了。

例如，与同年龄段的一般儿童相比，患有唐氏综合征的婴儿使用的语言更少，运动技能发展得更加缓慢，解决复杂问题的能力也更弱一些。如果你照护过婴儿，那么你肯定知道如何支持他们正在萌发的走路、说话和社会性游戏能力——这些都已经在你的“工具箱”中了。然而，“唐氏综合征”的标签可能会让你怀疑自己是否有能力支持这个儿童及其家庭。但是，很多时候，如果你能摆脱掉标签的束缚，把唐氏综合征宝宝看作具有独特能力、兴趣和需要的个体，你就能成功把他们纳入班级。

琳达·布罗是这样说的：

在“一起开始”项目中，首先，我会要求教师们想象：一个2岁的孩子明天就会成为他们班级的一分子了，她热情活泼，喜欢音乐和唱歌，有时她的行为可能会让人有点费解，走路距离长一点时可能会摇摇晃晃，但是她的脸上总是挂着一个大大的笑容。在听完我的描述后，每位教师都开始思考能做些什么来帮助这个孩子取得成功，要问她的家长哪些问题，以及如何规划她在幼儿园里第一天的生活。当我说她碰巧患有唐氏综合征时，有些教师会说：“我不知道如何支持一个患有唐氏综合征的孩子。”他们全然忘记了，他们基于我对这名儿童的实际描述而萌生的想法和思考，而这些想法和思考其实就是一个很棒的起点。

当把残疾儿童或有特殊需要的儿童纳入班级时，富有经验的婴幼儿教师仍然需要牢记他们对婴幼儿的已有了解，以及他们关于策略调整的相关知识。尽管这类儿童自身的残疾或特殊需要会影响他们的发展，但是他们仍然拥有许多同龄人的兴趣、能力及特点。

因为每个婴幼儿都是独一无二的，所以你需要以独一无二的方式与每个婴幼儿互动并为他设计活动。你应从每个婴幼儿的当前水平开始与他共舞。本书中，你将会看到教师对婴幼儿个体做出回应的大量案例。

与家长联系和沟通

班级中，婴幼儿及其家长的身份、经验和背景各种各样。你可以邀请家长作为你的合作伙伴，与你一起观察婴幼儿在家里和托幼机构中是如何通过游戏性互动来发展和茁壮成长的。你们会从彼此身上学到很多！

把家里发生的事与托幼机构中发生的事联系起来。在了解了婴幼儿的家庭后，你要尊重家长的做法和喜好。家长是有关自己孩子的专家，他们能帮助你深入地了解婴幼儿并设计个性化课程。你可以邀请他们“多说一点”，以寻找将家庭做法带入教室的方法。此外，你还可以邀请家长与你分享他们文化中的歌曲和童谣。当你邀请家长分享家庭活动时，你的课程也会因此而变得更加丰富多彩。

称赞家长与孩子进行的回应式互动，以及他们与孩子游戏的方式。你要向家长指出，这些互动对婴幼儿的发展是多么重要！你要鼓励他们在日常照料孩子或者与孩子游戏时，给孩子唱歌、抱一抱孩子、参与孩子的活动——每一次互动都是婴幼儿的一次学习机会。

当家长描述他们的照护实践时，不要做出评判，即使你并不认同它。如果你希望给家长提供一些建议，那么你可以说“在这里，对我们来说有效的做法可能是……”而不是说“只有这样做才对”。家长是儿童生命中最重要的他人，你要让他们意识到你尊重并重视这一点。

记录婴幼儿的经历，并与家长分享婴幼儿的成长和学习方式。你可以问一问家长，他们的孩子在家里有哪些精彩的表现。

消除担心，安抚家长。很多家长担心自己的孩子发展滞后，也担心自己的育儿能力不足。安抚他们，并鼓励他们只要和孩子待在一起就好——尽情享受令小家伙着迷的事物并跟他一起体验那些惊奇和美好！

记录婴幼儿的游戏和学习

你要把婴幼儿在游戏中学到了什么记录下来，以突出婴幼儿游戏的重要性。当你收集有关婴幼儿言行的资料时，要聚焦于他们正在学习的关键概念和技能；有了这些资料，你就能考虑接下来要投放什么材料了。你可以使用儿童发展评价工具来分析这些资料，如《预期发展结果概况》[1]，并以此来指导每个婴幼儿，继续巩固和拓展他感兴趣的领域，同时加强他尚未发展完善的技能。收集档案资料的这一过程，对你和同事的专业发展也非常有帮助（Luckenbill，2012）。

以下是对记录什么、如何记录和为何记录的介绍。

记录什么和如何记录

> 使用轶事记录和照片来描述婴幼儿的语言、动作和兴趣，并展示他们是如何在游戏中拓展技能的。

> 收集和展示婴幼儿的艺术作品。婴儿的艺术作品可能是他们在集体活动中形成的作品，比如，一起用身体在大幅的纸上作画，以及你为这一活动拍摄的照片。学步儿的艺术作品可能是几个干面团且上面插着不同角度的小木棍，也可能是由圆圈、点、线组成的涂鸦作品。

> 邀请同事把你与婴幼儿的互动情况拍下来或录下来。

为何记录

> 向家长展示他们的孩子是如何发展和学习的。

> 给家长提供一个了解班集体的窗口。

> 为家长在家中开展类似的游戏活动提供参考。

> 增强家园之间的联系。

> 改进你自己的保教实践。通过回顾师幼互动的照片和视频，你既可以了解自己是如何运用表情和肢体动作来与婴幼儿交流的，又能思考如何做出一些改变来让师幼互动更成功。例如，在为婴幼儿取得的成功喝彩时，面部表情要更生动一些；在与婴儿“对话”时，要给对方一点时间做出回应。

[1] Desired Results Developmental Profile，由美国加州教育部于2015年发布，它是一个评估0—6岁儿童发展的工具，概述了儿童在各个发展阶段的里程碑，覆盖了儿童的语言、认知、动作、社会性和情绪等领域。——译者注

如何分享你的记录

- 在每天婴幼儿离园时与家长分享当天的活动。
- 通过短信或邮件将当天的逸事或照片发给家长。
- 将婴幼儿的艺术作品或班级活动的照片张贴在教室里或托幼机构里。
- 提供书面或电子简讯，聊聊婴幼儿正在做什么、他们是如何使用教室空间的，以及你为什么会提供这样的材料或活动。
- 在家长会上与家长分享你所收集的逸事、照片以及婴幼儿的艺术作品。

你应与婴幼儿及其家长建立紧密的、相互尊重的关系，这是你与婴幼儿进行游戏性互动，进而支持他们健康发展和学习的基础。当你观察婴幼儿的游戏，规划活动来促进他们的个体发展，解说他们以及你自己的行为，并作为一个回应式伙伴加入他们的游戏时，你就是在鼓励他们继续探索世界，并建构对世界的理解。随着婴幼儿的能力及自信心的增长，你的能力及自信心也会大增！

第 2 章

乳儿期：0—9 个月

最初，幼小的婴儿最感兴趣的对象是你——你的脸、你的表情和你的语调。随后，他们会逐渐发现周围的物体和其他人。

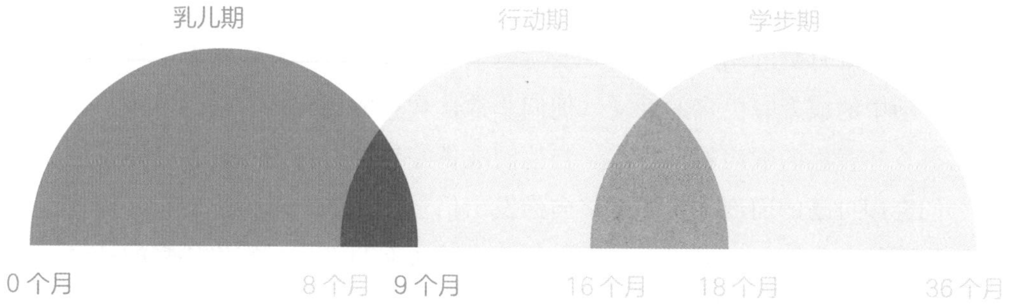

0—3 个月的婴儿是什么样的

这个阶段的婴儿已经准备好迎接世界，并期待社会互动的发生。此时，他们的一种最基本的游戏形式就是与你建立联系，跟你进行眼神交流。对他们而言，你们关注彼此的这些时刻是很愉悦的。很快，婴儿就会对你的微笑或低语做出相似的回应，你们会构建有来有往的互动循环——这是一种更复杂的游戏形式。

婴儿会运用感官和动作来探索世界（Bornstein，Arterberry，& Lamb，2013）。快 3 个月大时，他们喜欢把东西放到嘴里啃咬。他们发现自己的手非常有趣！他们还会短暂地关注令自己感兴趣的物体，比如，简单的玩具。但是，比起物体，他们更喜欢关注你和其他人。慢慢地，他们开始模仿你的面部表情和声音。他们还喜欢追随你的一举一动。

他们喜欢被你抱在怀里，这样他们就能观察和模仿你的面部表情。有时，他们会因为观察不过来而感到力不从心。这时，你就需要把脸转开，并通过轻轻地摇晃、唱歌、用襁褓包裹住他们或轻声地安抚等方法来帮助他们恢复平静（Karp，2013）。

3—6 个月的婴儿是什么样的

随着月龄的增加，小婴儿变得越来越机敏、活泼，他们希望与自己生活中的成人有更多的互动。他们非常喜欢和你玩有来有往的游戏，也喜欢和着你的歌声舞动小手。当他们准备好与你进行游戏性互动时，他们会用自己的面部表情和身体向你发出信号，比如，触摸你的脸，或者将手伸向你的头发或眼镜。他们会镜像反映你的表情，露出更多的社会性微笑，甚至会哈哈大笑。

在你的帮助下，这个阶段的婴儿能小坐一会儿，并准备好以不同于以往的方式来探索教室环境。他们开始学会翻身，并就着这个姿势去抓附近的玩具。

他们正在测试如何让自己的身体与玩具、他人产生联系，以及玩具和他人会如何回应他。你会看到他们啃咬、抓握、敲打或摇晃物体，努力理解它们是什么，以及它们有什么用处。他们会模仿他人的动作和声音，这就有助于他们学习新技能。

如果你给这个阶段的婴儿提供一套不同颜色、纹理且会发出不同声响的布质叠叠圈，那么他们可能会选择其中一个能发出嘎吱嘎吱声且有小凸起的叠叠圈——他们注意到了这些特征，并且每次都会选择它来啃咬和抓握。虽然你无法确切地知道他们在想什么，但是你可以确定，他们正在从自己所探索的每一个物体以及所进行的每一次互动中收集信息。

6—9 个月的婴儿是什么样的

这个阶段的婴儿对他人尤其感兴趣。他们尝试伸手去触摸同伴的手和脸，以此来和同伴互动。他们坐得更稳了，所以能更容易地伸手抓握玩具。他们可能正在学习如何滚动、挪动或爬到一个喜欢的地方。

他们会思考物体在空间中的位置，抓住垂下来的头发或丝带，追踪下落的物体的轨迹，并从不同的角度观察事物。他们注意到，动作会导致事情发生。他们能更长时间地专注于一个喜爱的玩具或活动，这样就能更多地了解吸引他们的物体或他人，比如，你！

幼小的婴儿能从符合其自身需求的游戏互动和体验中受益。当你逐渐了解了每个婴儿后，你会发现他们当中：

> 谁喜欢听你或其他儿童的声音
> 谁喜欢四处观察教室里的物品
> 谁喜欢一直动个不停
> 谁喜欢进行热情的社会互动
> 谁偏爱低调、温和的互动

仔细地观察婴儿的行为，将有助于你了解他们的认知（思考）、语言、运动及社会性和情绪发展。然后，你就可以根据对每个婴儿的发展现状的了解，并结合他的独特个性和喜好，为他挑选适宜的玩具并确定什么样的互动以及游戏活动最能支持和促进他的发展。

教师是什么样的

在与小婴儿互动时，你需要放慢速度来配合他们。你需要密切留意婴儿发出的信号并问问你自己他们此刻可能需要什么，然后做出调整。有时，你甚至需要通过多种尝试来力图理解他们的需求。你是暴风雨中的宁静港湾，当婴儿无法平静下来时，你可以唱歌并轻轻地摇晃他们来给予安抚。然后，当婴儿准备好探索你所提供的玩具时，你需要转换角色，温柔地给出游戏建议。在婴儿游戏的过程中，你要成为他们的合作探索者和促进者！

教师的职责：悉心照护与积极回应

小婴儿的活动和游戏围绕着与新的伙伴互动、学习新的常规、观察新的空间、感受新的材质以及探索新的玩具进行。当他们致力于这些新的体验并学习如何与他人交流时，你要努力地支持他们。你要在教室中为小婴儿提供有规律的生活，并帮助他们感到温暖与安全，这样他们就会更有兴趣与你一起游戏。

了解彼此

要想成为一个能给予婴儿积极支持的游戏伙伴，首先，你要观察和了解每个婴儿及其家庭。

了解每个婴儿发出的信号。这是一个循序渐进的过程。首先，你可以对婴儿进行家访，如果这不易实现，那么你可以在每天婴儿与家人分开之前，邀请他们一起参与活动。这样一来，你就能观察到，什么样的常规活动让婴儿感到舒服自在，什么样的互动模式是婴儿熟悉的，以及他的喜恶是什么。

关注每个婴儿发出的信号，这样你就能跟随他们进行互动而非主导互动（请参阅“读懂小婴儿的信号，以规划你们的游戏互动”）。当你使用自己的表情、声音或手势与婴儿进行互动时，婴儿有没有回应你？如果没有，你就需要让自己的语气和表情更明显些，从而让他们知道你正在向他们发出邀请的信号：模仿你并加入互动（Greenspan，1999）。

读懂小婴儿的信号，以规划你们的游戏互动

理解每个婴儿发出的信号很重要，这样你才能知道何时邀请他参与游戏，何时应停下来让他恢复精力，何时又要专注于满足他的其他需求，比如，饥饿或不适。邀请家长与你分享他们的孩子一般会发出哪些信号。

微笑。6—8 周大时，婴儿第一次露出微笑，通常发生在你对他进行身体抚触的时候。微笑意味着他喜欢这个游戏，喜欢与你建立社会性联系。

怎样做：微笑着对他说：“你在微笑！你看起来很高兴！”

模仿。3—6 个月大时，大多数婴儿会模仿你的面部表情，不仅是

微笑，还有恐惧、惊讶、悲伤等。记住，婴儿同时也在“读”你发出的信号。如果你感到焦虑不安，那么婴儿也会如此（Waters，West，& Mendes，2014）。对婴儿来说，温和而有趣的互动有着重要的意义。

*怎样做：*模仿婴儿的声音、手势和表情。试着给婴儿唱一首歌，比如，《大拇指在哪里》（*Where Is Thumbkin*），并在中间暂停一下看看婴儿是否有所回应，比如，发出咿呀声或做出一些手势。

转移视线。从大约2个月开始，当婴儿感到无所适从或受到过度刺激时，他们就会中断互动（Stifter & Moyer，1991）。这时，你可能会看到婴儿转过脸去、玩自己的手指或脚趾或者开始哭泣，以此来中断与成人的联系。

*怎样做：*尽管你很想重新进入他的视线，挠他的痒痒或者重新引起他的注意，但千万不要这样做。要尊重他想休息片刻的需求，并静静地等待，直到他重新振作起来参与游戏。

揉眼睛或拽耳朵。婴儿在感到疲惫时会用手揉眼睛或拽耳朵。当他们感到累了或脸上很痒时，也会用脸磨蹭其他东西。

*怎样做：*停止游戏，让婴儿小睡一会儿。

惊跳反射。巨大的噪声、明亮的光线或者头部的意外晃动，都会引发婴儿的惊跳反射——婴儿会猛地一动，伸直双臂和双腿，然后快速地将四肢收回来并开始号啕大哭。惊跳反射在婴儿出生后出现，并在3—6个月大时消失。

*怎样做：*当游戏太突然时，婴儿就可能受到惊吓。此时，你需要轻轻地摇晃并轻声安慰他，让他平静下来。同时，调整游戏，平缓渐进地做一些动作。

哭泣。当婴儿没能成功地使用更微妙的信号（比如，转身或拱背）进行交流时，他就会哭泣。对他而言，哭泣能最快地让你知道他遇到了问题。在婴儿1—2个月大时，你可能会听到他的哭声具有多样性，随着时间的推移，这种多样性会增加。有些哭声意味着婴儿的一些基本需求未能得到满足，比如，睡觉、喂食等。

*怎样做：*停止游戏。婴儿之所以哭泣，可能是因为烦闷无聊或受到过度刺激，需要接触一个新的活动，或暂停游戏休息一会儿，也可能是因为想要满足某个生理需求。婴儿在感到烦闷无聊或受到过度刺激时，可能会断断续续“呜呜”地哭。如果他是因为烦闷无聊而哭泣，那么你就要与他互动，让哭声变为笑声；如果他是因为受到过度刺激而哭泣，那么此时你与他互动则会导致他发出愤怒的尖叫声。你可以利用上文提到的婴儿发出的其他信号，并结合当时的情况来理解婴儿传递的信息。

咿咿呀呀和大笑。这种“交谈”形式开始于婴儿2—3个月大时，你能听到他模仿你的音调变化。

*怎样做：*和婴儿玩游戏。就像和成人交谈那样，跟这个婴儿进行有来有往的交流（Bornstein，Arterberry，& Lamb，2013）。用同样的声音回应婴儿，然后看看等轮到他时，他是否会再次回应你。

当婴儿心满意足、全神贯注时，他们就准备好应对来自周围世界的刺激了。与家长合作，学会识别每个婴儿在生命初期发出的信号，如啼哭、拽耳朵、揉眼睛等。这些信号代表着他们的某种需求，如睡觉、食物、换尿布、需要移开视线等。你应当迅速而恰当地做出回应，以帮助婴儿充分放松下来，与你进行游戏和互动。

温柔地与婴儿互动。开始时，你可以通过微笑与轻柔的话语来吸引婴儿。必要时，你可以提供一些与他在家中喜爱的玩具相似的材料。然后，密切注意他发出的信号，比如，与你进行眼神交流，或嘴里发出咿呀声等，以判断他何时准备好参与游戏、与你互动。你应与婴儿保持在同一水平高度，与他进行时长较短的互动游戏，比如，轻声地唱歌，简单温柔的对话。只要婴儿头脑清醒且全神贯注地盯着你的脸，你就可以与他持续进行互动。

为休息和“充电”提供空间。新的活动体验可能会让婴儿应接不暇，所以，当他们被你的表情、声音或手势弄得无所适从时，你需要放缓互动节奏，为他们提供一些休息和恢复的时间，让他们可以通过移开视线、盯着墙看或吮吸手指再次加满能量。高强度互动会让婴儿感到不知所措、筋疲力尽，缺乏互动则会让婴儿感到孤独、悲伤或害怕，因此，你需要在这两者之间找到平衡点。

虽然有些婴儿确实更“挑剔”一些，但是他们会传递出关于自身需求的有效信息。你应该做出回应，满足他们当下的需求。如果一个婴儿在休息片刻后重新振作起来，那么你要继续与他进行温柔的互动。如果他一直转过脸去、盯着别处、打哈欠、胡乱动弹或拱起背部，那么你就要结束互动。随着时间的推移，你应该逐渐拓展与婴儿的互动。

当一个小婴儿开始能够移动，并对周围环境进行更多的探索时，你要成为他的“庇护所”——当他需要安慰或“充电”时，他就可以回到你的身边。你该应密切注意他发出的这些信号，并热情地予以回应。很快，他就能准备好再次去探索了。

持续地进行回应式互动。小婴儿喜欢与你进行有来有往的互动。有时你可以主动发起这类互动，有时你可以模仿婴儿做出回应，这样做可以扩展他们的“沟通圈”（circles of communication ）——在互动时，每个游戏者都轮流做出回应，从而形成一个“圈”。

当你试着与婴儿互动时，要注意他是否运用自己的手势或语言来沟通和回应。如果没有，那么就发起一个他喜欢的活动，如躲猫猫，或者提供一些玩具让他选择（Greenspan，1999）。然后，运用你的表情、手势和声音给出反馈，热情地评论他为沟通而做出的尝试以及他正在做的事情。

7 个月婴儿的沟通圈

“躲猫猫！”特鲁迪老师从架子后面探出头来，冲着7个月的杰克咧嘴笑着说。接触到老师的眼神，杰克的脸上露出一个大大的笑容。特鲁迪老师又躲到架子后面，杰克的表情因此变得严肃起来。他紧盯着架子。“躲猫猫！”特鲁迪老师又说了一声，杰克咯咯笑着回应了他。

特鲁迪老师知道，这种形式的“沟通圈”对杰克很重要。它不仅是一种游戏，还将成人进行对话时的轮流参与模式教给了他。随后，杰克的注意转移到了架子上的物品，他从中挑选了一个小的音乐沙锤放到嘴里。特鲁迪老师也随之转移了注意，他评论道：“它看起来凹凸不平，你把它放到了嘴里！”杰克抬头看着他，又露出了微笑。于是，“沟通圈”得以继续扩展。

当婴儿长大些后，你要继续快速地回应他们发出的信号和他们所做的交流尝试。你回应婴儿传递的信息，就是在对他说，他是一个有能力的沟通者，值得你做出回应。

你可以通过“自言自语”让婴儿知道，你将他视作独立的人来尊重。例如，“吉安，我现在要抱你去尿布台上换尿布。然后，你就能继续玩球了。”你的自言自语还向婴儿展示了如何使用语言进行沟通，并有助于他们理解接下来会发生什么。所以，当你使用这个技巧时，他们的语言和认知能力都将得到提升。

在忙碌的婴儿教室中，你并不总能轻而易举地找到时间来专门进行上述互动，但你可以见缝插针、随机进行，就像下面的丽塔老师那样。

挤出时间与每个婴儿互动

丽塔老师花了许多时间来与班里的4个小婴儿互动，她会在给他们换尿布、喂食以及把他们放在床上小睡时跟他们交流。她会模仿他们发出的咿呀声和笑声，会告诉他们她正在做什么，并描述她看到他们在玩什么。当她照料其中一个婴儿的生理需求时，她也会给其他婴儿每人都提供几样物品去探索，并细心地防止他们啃咬别人的玩具。

支持婴儿的进一步探索

当一个婴儿从主要与你一起游戏，转变为通过啃咬、抓握、摇晃、敲打等方式来探索物体时，你就需要调整游戏支持技巧了。你可以为婴儿提供安全、适宜的玩具，并模仿他的动作（如摇晃物体）和他一起探索。例如，邀请他前后滑动玩具消防车。这不仅能扩展他的游戏技能，还能向他展示互动游戏是如何进行的。

你可以通过评论婴儿当前的行为来促进他们的语言发展，例如，“我看到你爬向那个篮子，你正在把篮子拉过来！”讲故事和阅读活动也是很有价值的游戏活动。这类活动不仅可以向婴儿介绍一些“罕见”的词汇，即更复杂一些的词汇或者在日常对话中不经常使用的词汇，还能进一步巩固婴儿有关语言和书面文字的概念，即语言是令人愉悦的，书面文字是有意义的。例如，阿比盖尔老师对格里芬说：“你正在看《夏威夷的滑滑鱼》（*Slippery Fish in Hawaii*）这本书呀！你看到的是一条金枪鱼，它正在吃章鱼！”

婴儿的“研究”：在挑战与安全之间保持平衡。婴儿喜欢探索一些能对所处环境产生巨大影响的方式。他们会从高脚椅上把勺子扔下来，敲打玩具钢琴，绕着房间滚动物品，或者拉扯头发。他们会把水从容器中倒出来，或者把篮子里的所有物品取出来后自己爬进去，以此来试验如何把物品放入不同的空间。

当婴儿通过这些活动建构起对因果关系的理解后，他们就能更好地预测生活中的人和物将会如何回应他们的行为与互动。所以，你要为他们创造机会，让他们试验如何以对你来说行得通又能保证所有人安全的方式引发事件。

你可以采用以下方法引导婴儿研究因果关系。

> 如果教室里不允许婴儿玩丢勺子游戏，那么就提供一个落球箱，让婴儿追踪球在管道中下落的过程。

> 如果一个婴儿总是拉扯你的头发，那么就在天花板上挂一个铃铛并把一条塑料粗链牢牢地粘在铃铛上，引导幼儿去拉粗链，从而测试拉扯东西时所发生的因果关系。

> 如果婴儿想玩躲猫猫游戏而你又需要解放你的双手，那么就提供一个悬挂的窗帘或者类似的东西，邀请婴儿爬过去藏在后面。

一定要用积极的语言和灿烂的笑容认可婴儿的这些尝试，以表明你重视他们的学习，且探索过程是安全的。当你创设了一个安全的学习环境时，你其实就是在鼓励婴儿进行游戏和探索，因为在这样的环境中，你几乎不需要说“不”或“不可以”，也几乎不需要干预婴儿来远离不安全的因素。这样一来，你就能轻松又有趣地加入婴儿的游戏了。

做我所想：让婴儿自主选择。许多小婴儿对于玩什么和在哪里玩有自己的偏好。当婴儿能够移动后，他们会去他们喜欢的游戏地点，并从和自己的身体一样高的架子上挑选玩具。所以，你要把玩具放在教室里的特定区域，这样婴儿就能找到自己喜欢的物品。

对于那些还不能独立移动的婴儿，你可能需要读懂他们发出的需求信号。你需要弄清楚他们在看向哪里、在指着什么，然后把他们感兴趣的东西递给他们，以帮助他们实现游戏意图。让我们来看看下面的案例中，弗朗西斯的老师是如何做的。

在教师的帮助下，婴儿拿到了书

弗朗西斯（7 个月）坐在一个放着一摞杯子的架子下方，他的目光似乎停留在杯子上。教师追随他发出的信号，伸出手轻敲了一下杯子。“看起来，你想要这个杯子。”教师评论道。然而，弗朗西斯继续盯着看。于是，教师再次顺着他的视线看去。也许，他正在看杯子上方那本书上的小狗图片。“你想要这本书吗？”教师问道。当教师把书拿下来递给弗朗西斯时，他露出了笑容。他伸手抓住书，近距离盯着那只小狗看。

当婴儿没有按照你预期的方式使用材料或者玩具时，你需要灵活应对。例如，当一个婴儿指着架子上的搅拌器时，你会把它拿下来递给他，同时有可能向他示范一个搅拌的动作，并递给他一个小碗让他尝试。但是，如果婴儿真正想做的是把搅拌器放到嘴里，那么你就要调整自己的回应方式。也许，你可以评论一下把搅拌器放到嘴里感觉如何。对婴儿来说，以最擅长的方式来研究自己感兴趣的物品是没有任何问题的。

你要给予婴儿充足的时间和空间，让他自己去探索物品。当他这么做的时候，你就可以利用这段时间来照护其他婴儿。独自探索搅拌器的婴儿可能过一会儿就把搅拌器还给你，以表明他想重新和你进行社会性游戏。对此，你可以拿着这个搅拌器来回展示，或者再拿一个搅拌器来摇动，与婴儿一起研究它在空中是如何移动的。

当你发现小婴儿能学习到越来越多的东西和能完成越来越多的事情时，你就可以将更复杂的游戏活动引入教室。例如，你可以准备一些围巾和纸巾盒，或者其他容器，将里面装满可用于啃咬和倾倒的物品。婴儿的游戏有可能看起来仍然是很基本和重复的（如摇晃、啃咬、抓握、敲打等），但是现在他能自行选择进行何种探索，并从中了解他所选物品的各种特性。

发现同伴。随着婴儿开始四处移动和探索，他们对彼此的兴趣与日俱增，这一发展令人激动。他们会抓住同伴并用手指捅捅戳戳，包括同伴的眼睛或几绺头发。当同伴被抓住时，他们会发出饶有趣味的声音！

你可以这样来引导此类探索：

> 陈述婴儿的动作或当时的情形

> 设置积极的限制，并在必要时转移婴儿的注意

下面，让我们来看看卡罗莱娜老师是如何引导温颖和利娅的。

轻轻地碰触

利娅（8 个月）已经入托两个月了。当她的老师卡罗莱娜向她打招呼时，她微笑着伸出双臂来让老师抱着她。当利娅被放到温颖（9 个月）旁边的地板上时，她与温颖进行了眼神交流并露出微笑。卡罗莱娜也微笑着评论道："你和你的朋友坐在一起，利娅！"温颖伸手轻抚利娅的胳膊。"你的触摸很温柔，温颖。"卡罗莱娜老师一边轻抚自己的胳膊做出"温柔"的动作，一边评论道。温颖也伸出手温柔地抚摸卡罗莱娜的胳膊。"非常温柔。"卡罗莱娜微笑着评论道。

当你看到一个婴儿温柔地对待另一个婴儿时，一定要适时地评论，让他因积极的行为而获得关注。你要避免只在婴儿的行为让人恼火时进行干预。如果婴儿之间的互动是不积极的，那么你需要将婴儿的注意力转移到其他活动，或引导他轻轻地摸摸你。在上面的案例中，卡罗莱娜老师并未阻止温颖抚摸利娅，而是通过评论二人之间的积极互动来鼓励她们进行更深入的社会互动（Halle 等，2011）。教师的敏感回应，包括语言和手势，也促进了婴儿语言技能的发展。

了解婴儿的独特性

当你与婴儿共处时，你会发现他们独特的个人风格。仔细观察，看看每个婴儿如何进行探索、喜爱什么、如何与他人互动，以及如何应对环境（Wanerman，2015）。这些偏好会影响婴儿在游戏中的行为和互动。

在了解了这些个人偏好后，你就能支持小婴儿的游戏，并为每个婴儿提供适宜的环境和保教，以满足他独特的需求和偏好。当你理解了每个婴儿行为背后的动力后，你就能调整策略以更加贴合婴儿的情况。同时，这也有助于你在指导婴儿时保持敏感，直到他们能成功地完成任务或与他人互动，而不会给他们贴上“坏孩子”“好斗”或者“害羞”等标签。

有的婴儿能自然地适应环境。有些婴儿能很快地适应新环境，即使他们的需求暂时未能获得满足，他们也只是表现出轻微的反应。因此，你很容易忽视这些婴儿，让他们在同一个地方待太长时间，或者错过他们发出的更微妙的信号，而一心照顾那些似乎更需要你关注的婴儿。但是，像其他婴儿一样，这些婴儿也需要参与游戏的机会，并与你进行有来有往的互动。

有的婴儿需要一段时间来适应新环境。你将会注意到，有些婴儿需要适应一段时间才能自在地进行探索。他们对参与新活动可能犹豫不决，更喜欢在参与游戏或接触新朋友前先观察一会儿。然而，一旦觉得舒服自在了，他们就会很愿意参与游戏和互动。因此，你可以和同事一起为这些婴儿制订一个计划，帮助他们逐渐加入游戏和互动。你可以借助图片向他们解释或直接告诉他们接下来会发生什么。例如，你可以说：“嗨，扎因，今天我们准备了一些新东西——温热的肥皂水，我想你会愿意试一试的！我会带你过去看一看。”如果他需要，先给他提供充足的时间进行观察，再慢慢鼓励他去触摸肥皂水。

有的婴儿反应强烈。面对新环境或陌生人，有些婴儿可能会表现出强烈的情绪反应并很难适应。他们很容易因为噪声或其他形式的感官刺激而变得焦虑不安。正因为如此，他们不擅长进行游戏互动，需要你在互动过程中成为一名细心的信号解读者和敏感的游戏支持者。在照护这类婴儿时，你需要解说正在发生的事情，并在提供游戏机会前先谈论一番。例如，你可以对坐在你腿上的卡鲁（6 个月）说：“卡鲁，我要站起来了！”说完稍停片刻，然后再站起来把他抱在怀里。“现在，我们要到鱼缸那里去！”你知道，待在鱼缸附近能让卡鲁平静下来，而且鱼缸那边此时只有一个婴儿正安静地啃咬着一条塑料鱼，而这种噪声水平不会让卡鲁觉得难受。

注意你对每个婴儿的反应。比起婴儿，你应对不同情况和不同人的方法更多样，所以你要调整自己的行为以适应婴儿的偏好。这对于支持婴儿的健康发展和学习非常重要。

例如，你的班上可能有两个同龄的婴儿，一个叫安妮特，一个叫苏芬，她们是同时入托的。当安妮特被裹得太紧时，当她听到吸尘器之类的响声时，当她身处一个光线明亮的房间里时，当教师给她换尿布时，她都会号啕大哭。她不喜欢被放在地板上，一点轻微的声响就能把她从睡梦中吵醒。简而言之，她对教室里的许多常见刺激物都很敏感。

苏芬则几乎从来不哭。她睡眠很好，喜欢趴着探索物体，当教师给她换尿布时，她全程都是笑呵呵的。你可能会发现自己更喜欢苏芬，常与她进行互动。而当你面对安妮特时，比如，当你把安妮特放在地板上让她游戏时，你可能会无意识地皱起眉头、感到紧张，因为你知道她可能会哭闹。你如果密切留意，就可能会发现自己很少与安妮特进行互动游戏，因为你和她在一起的大部分时间都用来安抚她，让她在接受你的日常照料前后平静下来。

你私下里可能会认为安妮特被惯坏了或者很难带，还会觉得在照护孩子和与孩子互动方面，苏芬的家人比安妮特的家人做得更好。但是，每个家庭都是根据自己孩子的独特性格和回应风格来调整日常照料方式的。

想一想，你如何像每个家庭那样适应孩子的独特性？你只需要在班级环境（对敏感的婴儿来说，要投放更少的刺激物）和自己的态度两方面做出调整。你要有意识地与每个婴儿建立联系，并在日常照护工作和游戏互动中保持正念。你要认识到，并不是某个婴儿很难相处，只是你的性格和偏好与他的不同而已，你需要想方设法来更积极地回应他的需求。祝你成功！

有的婴儿发展迟缓或身患残疾。当你和发展迟缓或身患残疾的婴儿共处时，你要寻找他们的长处并以此为基础进行互动，而不是关注他们的不足。当婴儿进步不明显时，你很容易会感到沮丧；而一旦你的表情和声音中透露出这种沮丧情绪，就会让婴儿产生焦虑，并导致你们之间的消极互动发生。

你应当提供能给他们带来快乐或者成功的活动，即使这份成功可能看起来微不足道。在婴儿放松下来后，你就可以通过有针对性的游戏互动来满足他们的发展需求。例如，如果一个小婴儿正在努力发展肌肉能力以维持坐姿，那么你可以让他面向一个新玩具或一面镜子坐在你的大腿上或靠在一个枕头上，哪怕只是一小会儿，也能帮助他练习坐姿。同时，坐在你的大腿上或者靠在枕头上，能在他坚持不住歪倒时起到缓冲作用。此外，你还可以向早期干预专家寻求更多的信息。

适宜小婴儿的游戏环境：简单且温暖

要想创设一个能支持婴儿不断探索和学习的环境，你必须深思熟虑，在安全与挑战、婴儿的兴趣、空间、材料等方面之间寻求平衡。

游戏区是什么样子的

有吸引力且舒适宁静。婴儿的教室应当像家一样。在思考应该选择何种玩具、材料、设备、墙壁颜色或其他装饰品时，不妨问问你自己："它是必要的吗？它能提供有效的刺激吗？它的外观、声音或质地能促进婴儿的学习吗？这些玩具、照片、图书和其他材料能否反映班上婴儿的家庭文化背景？应该如何简化环境？"

小婴儿很容易被周遭的环境弄得不知所措，所以要限制背景音乐、繁杂的图案和其他视觉干扰、电动玩具以及诸如此类的刺激物。墙壁上要尽量少张贴图片或装饰物，虽然它看起来不如张贴了很多图片且色彩鲜艳的墙壁那么友好，但是能让婴儿感到更舒适宁静。婴儿需要通过休息来"充电"，以便再次参与游戏互动。

空间整洁，便于探索。要合理布置教室环境，让婴儿能专注于选择自己所喜爱的游戏活动。小婴儿的头部和四肢常常动个不停，所以要给他们提供充足的活动空间。当你把小婴儿放到游戏区时，要记住，随着时间的推移，他们将逐渐学会翻身、滚动或伸手够物。因此，你要密切留意他们是否会接触到不安全的物体，或者移动到一个不安全的位置。在户外时，你可以让小婴儿躺在毯子上或把他们抱在怀里，让他们欣赏头顶上方摇动的绿树，感受大自然的景色、声音和气味。

你要根据婴儿探索能力的不断发展提供相应的支持。例如，在4个月大时，大多数婴儿都能很好地控制自己的头部和上半身，此时，你可以让一个婴儿坐在一个铺着床单的浅水池中，并在旁边摆放一个装有几种拨浪鼓和球的篮子，这样的环境布置对当下的他来说就很完美了。但是，几个月后，这个婴儿可能希望你把他放在攀爬架旁，并且在攀爬架的斜坡顶端放置一筐球，吸引他爬过去。请记住，本周还让婴儿兴奋的事物，可能下周就“过时”了！当然，这也不一定。例如，一些婴儿可能会连续几个月表现出对某种材料的兴趣，他们常常被吸引前去探索。在读懂了他们的这一行为信号后，你就需要在一段时间内为他们保留这一材料。

“宝物篮”供婴儿自由拿取玩具。当小婴儿能够伸手去抓取和选择玩具时，他们通常会很喜欢“宝物篮”（treasure baskets）。你可以从教室里的不同区域收集婴儿可能感兴趣的物品，如量勺（用来抓握或啃咬）、木质拨浪鼓、中间透明的积木（适合玩躲猫猫游戏）、布书以及凹凸不平的塑料球等。然后，把这些物品放在一个篮子里，并把篮子放在婴儿容易发现且安全的地方，比如，婴儿旁边的垫子上。

“宝物篮”既为无法移动的小婴儿提供了自由选择游戏的机会，也让他们得以了解各种材料的特性。你需要根据婴儿的喜好调整篮子里的物品。

将物品放在婴儿能接触到的架子上。小婴儿还喜欢被放在教室里靠近矮架的地方，且架子上要明确地陈列着可供他们选择的物品。同样，你要定期更换架子上的物品，以邀请婴儿进行新的探索。

当然，在班级的日常照护工作中，小婴儿的游戏随时随地都在发生。你可以利用换尿布、喂食等机会让这些还无法自主生活的“小观众”进行游戏和学习，比如，在进食时探索食物的材质。

在家里玩的游戏

小婴儿很喜欢在家里玩游戏。你可以罗列一份清单，与家长分享一些能在家里和孩子一起玩的简单活动，如自制拨浪鼓、给装在松饼盒中的玩具分类、滚球、让盆里的水溅出来、敲鼓等。询问家长他们喜欢在家里和孩子玩什么游戏，并在教室中开展这些游戏，从而将婴儿的家庭文化带入课堂。

将材料分类摆放。当婴儿开始进行更多的探索时，你可以将引发某一类游戏和学习的材料放到一起。例如，你可以根据班级空间大小以及婴儿的兴趣和能力，将教室划分为安静区、运动区、感官探索区、音乐区等。请参阅本章后面“为婴儿提供独立活动的空间和游戏材料”一节，以了解有关空间布置以及区域材料投放的建议。

小婴儿用什么来玩游戏

可供早期探索的材料。小婴儿最早使用的游戏材料很简单：他自己的身体以及你的身体。起初，他们会通过哭泣、咿呀声和胡乱挥动四肢等方式进行探索。之后，他们学会了凝视、敲击和抓握。

对你来说，抱着新生儿、对着他唱歌以及跟他说话远比递给他一个玩具要重要得多。事实上，“为了茁壮成长，婴儿需要与教师进行身体接触”（Gross，2008）。当你没办法抱着婴儿而需要把他放在一个地方时，要确保他所在的地方仍能让他感到自己是集体的一分子，同时他不会被其他更活泼的婴儿压到。

作为小婴儿的教师，你是他们最爱的“玩具”！当婴儿在教室中感到愈发舒服自在以及与你的联系愈发紧密时，你就可以期待你们之间进行游戏互动了。这些互动会因婴儿的发展进程和个性的不同而有很大差异，甚至在一群年龄相仿的婴儿身上也是如此。你要仔细观察婴儿发出的游戏邀请，它可能非常微妙，比如，挥手，或者抓住你的一缕头发；也可能显而易见，比如，遮住自己的脸来“要求”玩躲猫猫游戏。

可供拍打和抓握的材料。如果婴儿只会紧紧地抓住手里的玩具而不松手，那么你可以悬挂一些物品来让婴儿拍打，它们远比手持式玩具更能带给婴儿满足感。当婴儿躺在垫子上时，你可以把玩具悬挂在他的头顶上方或者天花板上，让他可以用脚踢玩具或用手拍打玩具，稍后学会抓握和拉拽玩具（一旦婴儿学会拉拽技能，那么当他玩带绳子的玩具时，你必须密切地监督他）。这些玩具常常能发出声音、材质有趣或者有一个轮廓清晰的简单图案，有助于婴儿了解它们的外在和声音。

一旦婴儿能控制自己的双手，你就要给他们提供轻便、窄小的拨浪鼓或者有质感的玩具和图书。比起又大又重的复杂玩具，这些玩具才是更好的选择。

可供观察的材料。选择对婴儿有吸引力的图书和图片。一些小婴儿更喜欢观察黑白的、粗线条的、类似于人脸的图像。因此，你可以打印、绘制或购买这类图片。此外，你还可以在教室的墙上张贴一些名家名画，在教室里悬挂一些可以随风摇曳的风铃，往鱼缸里放一些游来游去的小鱼，以及在窗台上摆放一盆植物或一束鲜花等。

可供操作和组合的材料。为婴儿提供能让他们进一步探索事物的工作原理的玩具，如叠叠圈、积木，以及各种形状、材质和尺寸的拨浪鼓。婴儿也喜欢摆弄布娃娃及其配套道具，如帽子、杯子、勺子等。

随着婴儿的技能及注意力的发展，他们开始从简单地运用感官去探索物体的特性，转向同时操作两个物体（Gerber，Wilks，& Erdie-Lalena，2010）。此时，你应该为婴儿提供能够组合起来用于敲打、操作和倾倒的材料，例如，装着几个不同形状的物件的分类盒，装满了纸巾的纸巾盒，以及各种形状和尺寸的积木。当婴儿游戏时，你应待在他们附近对他们的活动做出评论，这样做不仅有助于他们放心踏实地从事这些小小的“冒险性活动”，而且有助于他们了解材料的声音、材质以及他们可以使用这些更复杂的物品做些什么。

寻找游戏材料。你可以去二手商店为婴儿淘到非常棒的玩具（一定要检查它们是否有锋利或破损的边缘）。汤匙、刮刀、碗和松饼盒等既好玩又便于婴儿拿在手里。废弃的布袋和衣服，在经过你的清洗、剪碎和巧手缝合后可以变成一本本有质感的布书。篮子、盒子和箱子可以用来盛放和倾倒物品。不过，有些材料，你很难淘换到二手的，必须购买新的，比如各式各样的布娃娃，或者展现人类多样性的图书等。

安全提示

在给不同的婴儿使用前，所有要进嘴的玩具都必须经过消毒，所以你要选择能经得起频繁清洁的玩具。当你给婴儿提供生活用品或日常材料（如金属搅拌器）时，首先要检查它们有没有尖锐的部分。然后，用防窒息管来测试小型玩具，以确保婴儿能够安全地使用它们进行游戏。

为婴儿提供独立活动的空间和游戏材料

当婴儿开始独立地进行更多的探索，尤其是当班级中的婴儿能够自己移动时，你就需要把相似的玩具放到一起，如音乐类玩具、积木类玩具等。你可以想一想班上的婴儿喜欢做什么，以及什么样的材料与活动能促进他们的认知、动作和语言技能发展，然后结合班级空间的大小来划分活动区域。如果空间有限，你可以将材料放在矮架上或宝物篮中。小婴儿探索这些材料的方式，与行动期的婴儿和学步儿有所不同。

你应该逐渐改变空间内的材料来支持婴儿的探索兴趣。活泼的学步儿可能很快就对相同的材料感到厌倦了，小婴儿则不然。只要你对材料稍微做些改变，他们就能在很长一段时间里探索同一个活动或概念。你可以改变塑料制品的类型或者碗的大小；添加一些更重、更小或更响的沙锤，而不必用另一种材料来完全替代沙锤；把沙球替换成用水瓶做成的沙锤；在原来的基础上增加一个更高的斜坡，或者安装一个新的隧道，等等。

每隔一段时间，你可以对一个区域做出较大的调整，但与此同时，要保持其他区域暂时不变。这样做可以让婴儿觉得教室环境是熟悉的和可以预测的，尤其是对那些正在逐渐发展信息记忆能力和人物记忆能力的婴儿，以及只有在熟悉的环境中才能感到更自在的婴儿而言。

运动区。小婴儿常常伸展自己的手臂和躯干，所以该区域的地面应当非常坚固，可以让婴儿自由移动而不会滑倒。

- 运动区要远离其他器材，以避免婴儿被绊倒；同时，在该区域铺上垫子。
- 提供低矮的斜坡供婴儿爬上爬下，提供一个隧道供婴儿爬过去。

安全提示

确保固定好所有家具，以免在婴儿攀爬和探索时，书柜或其他物体倒在他们身上。

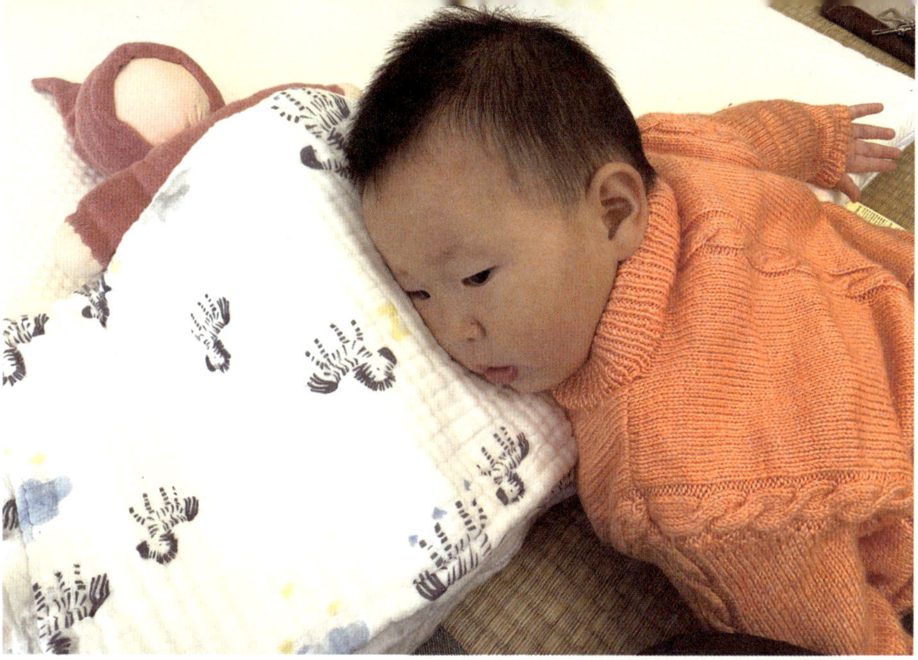

安静区。在远离运动区的地方创设一个温馨又柔软的空间，并在里面投放一些毛绒玩具、枕头和图书等。

> 提供毛绒玩具以及其他能反映婴儿的家庭文化和日常生活的物品，比如，作为宠物的小猫、小狗、小鱼毛绒玩具。

> 为婴儿提供大量的图书，以扩展他们的语言以及交流兴趣。你不需要读完整本书，只需要对婴儿发出的信号做出回应。比如，他正在观察某张图片吗？如果是，把图片的名字告诉他。你要允许婴儿像对待其他玩具那样抓握、啃咬并敲打图书。如果他正在损坏一本书，那么你可以引导他去玩牙胶玩具。

> 在下一个婴儿使用前，一定要清洗布制品和其他会被婴儿啃咬的物品。

积木游戏区。把一些积木及其配件摆放在矮架上，便于婴儿进行更多探索。积木要摆放得整齐有序，因为杂乱堆放会让婴儿感到不知所措。

> 摆放一些积木供婴儿敲打。

> 准备一些配件，如玩具汽车、玩具树、塑料娃娃等。它们要足够

大，可以让婴儿安全地啃咬或抓握它们。

> 把替代的材料放在附近，这样当你把婴儿啃咬过的物品拿去清洗时，就能往架子上补充更干净的物品。一个婴儿能迅速地把一个区域内的所有材料都探索完，所以，你需要在提供充足的探索材料与保持空间的整洁有序之间找到平衡，这一点很重要。

感官游戏区。因为婴儿是运用自己的感官来学习的，所以教室中每天都在发生着大量的感官游戏。当然，你也可以专门设置一个区域，供婴儿在这里探索不常见的感官材料（可参考以下示例）。面对感官材料，小婴儿可能会啃、吃它们甚至把它们喝下去。所以，当他们进行探索时，你必须密切地监督他们。你可以在感官游戏区的地板上铺一张垫子，一来便于清理打扫，二来可以吸收飞溅出来的液体。

> 对于6个月及以上的婴儿，你可以提供无毒的开放性材料供他们探索，比如，一小桶水和一些杯子，一箱子皱纹纸，或一桶手指画颜料（将玉米淀粉和水混合，略微煮过后添加食用色素）。

> 准备如下图所示的低矮容器，保证每个婴儿都能使用它们。它们把材料局限在一定的空间内，减少了混乱的产生。

> 手边准备好工具，如垃圾桶、扫帚、簸箕、湿抹布、毛巾、牙胶玩具等。这样一来，你就可以在有需要时将婴儿的注意力转移到新的材料上，让他们尽可能多地探索而避免被成人否定。

小婴儿的感官游戏

为什么要邀请这么小的婴儿去探索感官材料呢？因为感官游戏能帮助他们适应环境，应对双手和身体上的不同感觉，以及学习运动和平衡技能，例如，如何倾身倚靠某物，或用力敲打某物来获得某些结果。当小婴儿探索抓握某物给手部带来的感觉时，当他们体验轻微或剧烈晃动水而带来水的变化时，当他们发现某物让人感觉很黏稠或潮湿时，他们也在学习数学和科学的基本原理。当你跟他们交流他们所探索的物体拥有什么样的材质或特性时，他们也将会获得语言发展。例如，进餐时间，一个婴儿正在用手指挤压牛油果，此时，你可以使用一些词语来描述牛油果带给他的感觉，比如，湿软、黏糊糊、温热等。我们终其一生都在探索如何使用材料以及如何将它们组合起来，婴儿的感官游戏则开启了这令人兴奋的终身探索之旅。

认知游戏区。虽然无论探索什么材料，婴儿都能从中学习，但我们还是建议你专门准备一些材料来支持他们的思维能力发展，如因果关系、分类排序、问题解决能力等。

> 提供声音、重量、材质和形状各不相同的沙锤，并不时地更换一下沙锤，给婴儿制造一些小惊喜。婴儿将会感到很好奇：这些新的沙锤可以用来做什么呢？

> 提供诸如叠叠圈之类的玩具，以邀请婴儿思考物体的尺寸和形状、物体在哪些方面存在异同，以及物体之间的关系（例如，某物在某物之上）。

> 准备几个篮子并在篮子中放置一些物品，以便婴儿倾倒。这项活动看似很基础，但它能促使婴儿在愉快的游戏中探索容积、因果关系和“变化”的概念——篮子刚刚是满的，现在却空了！

自然和科学探索区。来自大自然的物品为婴儿探索、比较和学习事物的分类提供了有趣的机会。

> 从大自然中选择具有不同质地的物品，比如，干净的羊毛；带有香味的凹凸不平的干橘子皮；坚硬的物品，并且分量要足够重，不能被婴儿拿起来抛扔，如大贝壳或干净的石头等；粗糙的物品，如呈闭合状的松果等。

> 吸引婴儿注意物体的特征，并使用词汇来描述他们当前的活动。当婴儿探索物体的材质或纹理时，他们开始注意到物体之间的相似及差异，也开始对周围的事物进行分类，而这是一项重要的早期数学技能。

> 提供更多不常见的无毒材料供婴儿抓握和舔弄，如南瓜、葫芦等。仔细观察长了牙齿的婴儿，他们可能会尝试咬一咬这些物品。

安全提示

在为小婴儿布置空间时，一定要始终牢记安全准则。材料不能有裂开的风险，以免婴儿吞咽小碎片造成窒息；不能有锋利的边缘，以免割伤婴儿；不能有刺，以免扎伤婴儿。

音乐区。投放一系列音乐材料，以邀请婴儿制造声音并表达自己。

> 类似于沙蛋这样小而轻的乐器很受小婴儿的欢迎，因为它们很容易就被抓握住。此外，你还可以提供沙锤、玩具钢琴和鼓。

> 提供音乐主题的图书，如《老麦克唐纳德有个农场》(*Old MacDonald Had a Farm*)、《一闪一闪小星星》(*Twinkle, Twinkle, Little Star*)等，以帮助婴儿表达他们对歌曲的兴趣。他们可能会把书递给你，邀请你和他们一起唱歌。

家庭区。创设一个能给婴儿带来熟悉感的场所，供婴儿在里面探索与家中物品相似的材料。对婴儿家庭的深入了解，将有助于你找到合适的物品。

> 邀请婴儿探索真实但安全的工具，如搅拌器、锅、汤匙等。

> 把家长从事家务活动的照片张贴在家庭区，包括家长突破性别刻板印象从事一些活动的照片，比如，爸爸给孩子换尿布。这些照片能让婴儿将游戏与现实生活联系起来，并拓展他们对日常生活的理解。

当你布置教室环境并规划与婴儿之间的互动时，请记住，婴儿很少按照你希望的方式使用材料。但是，这没关系。当你坐在婴儿旁边拿着同样的玩具轻声低语或做出评论时，貌似你没有跟婴儿进行太多的游戏互动，但对婴儿而言，这是一份非常棒的礼物！你正在帮助他们理解沟通中你来我往的本质，同时“告诉”他们，他们的想法是有价值的，并让他们在探索周围的世界时拥有一种安全感。

第 3 章

行动期：8—18 个月

行动期的婴儿，尤其 1 岁以后的婴儿，就会进行在大多数成人看来是游戏的游戏了。他们会热情地把玩具小人放到小汽车里或者把勺子放到杯子里（关系游戏），并为他们的小汽车搭建一条可以通行的隧道（建构游戏）。

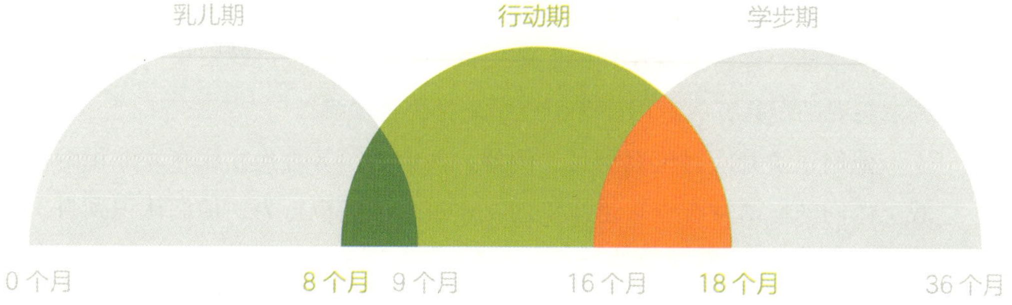

8—12 个月的婴儿是什么样的

8—12 个月的婴儿对一切事物都很感兴趣。虽然他们仍对接触陌生人和新环境感到焦虑，但是他们非常渴望了解周围的世界，也会非常兴奋地与他人互动。他们会伸手触摸其他婴儿，也喜欢模仿你的动作和声音。起初，他们会因新发现的自身能力而感到喜悦；而后，他们会因面对新的情境和陌生人而感到恐惧；再之后，他们会因被阻止尝试新活动而感到愤怒。

行动期的婴儿能稳稳地坐着，他们可以自由使用双手来专注于完成某一项任务，比如，像敲镲一样敲击两个物体。他们能更精准地抓握物体，从而可以成功地使用玩具来探索因果关系。例如，把一个圈套在一根棍子上，敲鼓，涂抹颜料，等等。

他们能够滚动、爬行、站起来，还能侧身抓着架子或围栏向前挪动，甚至独立迈出人生的第一步。这种新的移动能力为婴儿的探索和学习创造了令人兴奋的机会，因为他们现在能离开放在身旁的宝物篮或物品，去寻找感兴趣的活动区域。他们甚至能去拿更高的架子上的材料（要确保教室内的设施是安全的）。

虽然他们可能更喜欢某些玩具，但是他们也会更有意识地研究新物品的使用方式和用途，例如，倾倒和填充容器，拉拽绳子，或者按按钮等。多次重复这些动作可以加深婴儿的理解，并帮助他们准备好学习更复杂的技能。你将会观察到他们解决问题，比如，绕过教室里的障碍物去拿想要的玩具，或者用铲子铲沙子来把小桶填满。

他们正学着应对延迟满足，例如，他们必须等着换完尿布才能玩游戏。他们的母语发音越来越像单词。通过你的回应行为，他们认识到自己是一个能对世界做出改变的人（Mahler，Pine，& Bergman，1975），并验证了自己的新能力。

12—18 个月的婴儿是什么样的

随着行动期的婴儿获得更多技能，他们的游戏也变得更加复杂。他们现在能抓住一支蜡笔或画笔来涂鸦，也能把物品装满手推车，还能坐在滑板车上前后移动。

这个阶段的婴儿可能喜欢玩简单的智力游戏，例如，把圆珠子穿在棍子上，或者把小盒子放到大盒子里。他们喜欢按弹出式玩具上的按钮，看看会发生什么。他们玩的游戏很基础，而且会尝试一些明显行不通的事情，例如，试着把一个大盒子装到小盒子里。但是，这些解决问题的尝试是令人兴奋的，因为它们不同于婴儿早期通过敲击、啃咬和摇晃等方式来探索物体的游戏，而且要更为复杂一些。

虽然这个阶段的婴儿经常独自探索物体，但是他们也会寻求与他人进行重复的社会性游戏和互动，例如，躲猫猫、“宝宝在哪里”。对自己所熟悉的同伴，他们继续保持着浓厚的兴趣。

他们会运用手势、面部表情以及从母语中习得的一些词汇来清晰地与你沟通。他们喜欢和你进行有来有往的交流，有可能指着某物与你分享。例如，他们可能把一个小鱼玩偶递给你，说出它的名字或比画“鱼”的手势，然后哼唱《章鱼》（*Octopus*）这首歌曲的旋律，从而邀请你进行游戏性互动。

这个阶段的婴儿喜欢翻阅图书，虽然他们可能不会坐着看完整本书，但是他们可能会说出书上图片的名称。

你会看到他们与成人和同伴的幽默互动增多了，例如，把一个滑稽的东西放在头上，或者爬到一个小小的箱子里。你也会看到他们的挑战性行为增多了，尤其是当他们被拒绝时或处于过渡环节时。他们可能会拿走其他婴儿的玩具，然后在别人抗议时表现得非常惊讶！

你会看到他们在游戏中使用更明确的方法来解决问题，这一成长和发展令人欣喜不已！他们可能会将一张拼图或一个装着铲子的小桶视作开展活动的邀请，并且以更符合你期待的方式使用这些材料。

当事物未呈现出他们想要的样子或效果时，或者当他们的运动技能无法控制游戏的结果时，他们可能会很沮丧。例如，他们只能将圆形拼图放入圆形孔中，而无法将三角形拼图放入三角形的孔中。他们可能无法长时间专注于某个玩具或活动，会在探索一会儿后就将其抛之脑后，转而去探索自己喜欢的其他事物，然后再晃悠回来与你互动。

行动期的婴儿是一个矛盾的混合体，他们既是冒险者，又是寻求安慰者。他们想运用自己新获得的移动能力和灵巧性，去探寻视野之外的事物。然而，这些新获得的能力有时会让他们不知所措，同样常规的变化以及出现的新面孔有时也会让他们无所适从，所以他们需要迅速地回到你的身边寻求安慰。当这些行动期的婴儿使用他们的运动技能时，你需要进行密切的监督。

教师是什么样的

照护行动期的婴儿，意味着你要对这些“虽然有着大孩子的外表，但内心还是小宝宝”的孩子抱有同理心。你要能迅速地思考和行动，并且能预先考虑到如何避免游戏中的意外事件发生。同时，你也要能放慢节奏，跟随婴儿注意到一些小细节，比如，人行道上的蚂蚁。你要能从多个角度看待各种情况，从而帮助婴儿在游戏时应对社会性挑战。

当 1 岁大的婴儿反抗你的权威时，你并不会觉得被冒犯，反而会想出有效又有趣的方式来引导他。你表现出极大的耐心，会给予婴儿充足的时间在游戏中尝试新技能，比如穿靴子。

你是一名优秀的倾听者和敏锐的观察者，能捕捉婴儿通过语言和非语言信号传递出的交流信息。你也是一名优秀的沟通者，既能提供清晰的指导，又能创编歌曲、手势和手指游戏，从而邀请婴儿游戏化地学习语言。

如果你的教室里有双语学习者，那么你可以学习和使用他们母语中的一些单词或简单的歌曲，并将它们与游戏和日常活动相结合。你的行为就是在“告诉”他们，他们的家庭文化和母语是受到重视的，从而让他们拥有安全感，进而放心地游戏和探索。

重视婴儿的母语

米米（13 个月）是一个双语学习者。此时，她正站在水池旁，看着她的老师引导利奥将手伸到水里并唱道：“洗一洗，洗一洗，洗洗利奥的手……”当轮到米米时，老师知道她的母语是西班牙语，于是在引导她将手伸到水里时唱道：“Lavamos，lavamos，lavamos las manos……”[1]当她把米米的手从水里拿出来时，又唱道：“Secamos，secamos，secamos las manos……”[2]稍后，当米米拿着一块积木挡在自己的脸前时，她的老师评论道：“Te veo[3]，我看见你了！”

你喜欢和婴儿一起读书，但是你也愿意在读到一半时停下来，与婴儿一起讨论图书上的插画，或者转而进行一项新的游戏活动，其他时间再来继续读书。

你既能游刃有余地应对这些小家伙们给教室带来的一团混乱，因为他们还没有发展出逻辑思维能力，又能保持冷静、理智和有趣。你真了不起！

当你做这些事情时，你就给班集体施了一种“魔法”，你拥有强大的力量来帮助塑造婴儿的未来，以及影响他们的互动、沟通、创造性地解决问题和应对失望的方式。成为这个年龄段儿童的教师，是上天馈赠给你的一份礼物！

[1] 西班牙语，译为：洗一洗，洗一洗，我们洗洗手……。——译者注

[2] 西班牙语，译为：擦一擦，擦一擦，我们擦擦手……。——译者注

[3] 西班牙语，译为：我看见你了。——译者注

教师的职责：提供安全的探索环境

这个年龄段的婴儿的独立移动能力和交流能力的提高，既让你兴奋不已，又给你带来了挑战！婴儿的个性正在显现！你需要调整你的游戏技巧，以适应婴儿不断增长的能力，并支架他到达一个新的发展水平。

缓解婴儿的分离焦虑，帮助他加入游戏

在教室里，你的职责之一就是在婴儿的家长离开后，成为他们的“安全基地”。婴儿的分离焦虑非常强烈，你根本无法忽视它；而你的支持行为，如唱歌、读故事等，将帮助他们适应教室环境和日常作息，并帮助他们放松下来参与游戏。

那些因自己所依恋的家长离开而感到焦虑的婴儿，需要你来安抚他们，告诉他们家人会回来接他们，并给他们提供应对焦虑的工具（Balaban，2011）。之后，他们才能参与教室中的游戏和互动。

通过常规活动帮助婴儿适应新环境

在婴儿教室中，克劳德（11 个月）微笑着加入同伴的游戏。可是，当他的父亲离开时，他开始号啕大哭。他的老师并没有生气，而是抱着他轻轻地摇晃并安慰道：“圆圈活动结束后，你爸爸就会回来。他总是会回来的。”她把克劳德抱到鱼缸旁，因为她知道克劳德喜欢看鱼。然后，她开始给克劳德唱关于鱼的歌曲，克劳德在她的怀中渐渐地放松下来。很快，老师就把他放下来和其他婴儿一起游戏了。

你可以尝试以下策略，从而帮助行动期的婴儿轻松地融入教室中的日常活动。

- 鼓励家长与孩子道别而不是悄悄溜走，这有助于婴儿信任自己的家人与教室环境。
- 借助可预测的常规活动，比如，观赏鱼缸里的鱼、一起读书、去教室里婴儿喜欢的区域游戏，或者一起观察窗外的松鼠，等等，让婴儿知道环境是安全的，从而放心地对它进行探索。通常，每个婴儿所需要的常规活动都是独一无二的，家长可以帮助你决定哪一种安排最适合他们的孩子。你的平静、温和的语气，以及可预测的一日常规都有助于婴儿感到安全。
- 邀请婴儿参与一项他最喜欢的活动。比如，你可以对婴儿说："我们一边玩球，一边等奶奶回来吧。昨天，你很喜欢玩球。"
- 如果婴儿有一个特定的安慰物，那么将它放在这个婴儿容易拿到而其他婴儿够不着的地方。
- 给婴儿看家庭成员的照片，以减轻他的悲伤情绪。

当婴儿从随和的探索者变为非常有主见的探索者时，你也要随之转变。你要给他们提供日益复杂的活动，让他们探索和解决问题，并在他们因物品所有权而发生冲突时提供指导。随着移动能力的增强，他们的大动作游戏或追逐打闹游戏也随之拓展，这就要求你对他们的安全保持警醒。你可以采用以下建议来支持行动期婴儿的游戏。

关注婴儿的游戏和新发展的技能

1 岁的婴儿希望你关注他，并和他一起游戏！当你关注并回应他的游戏意图时，比如，把他故意扔到地上的勺子捡起来，你就是在"告诉"他，他的想法是值得探索的。现在，他理解了社会互动需要有来有往。同时，你愿意重复参与他的游戏主题（比如，躲猫猫）也让他得以练习轮流互动的能力。

回应婴儿的游戏意图

卡洛斯（13 个月）躲在戏剧游戏区的桌子后面。他的老师布兰登读懂了他的信号，也低下身子，并咧着嘴笑了。然后，布兰登老师对附近的另一个婴儿喊道："基安娜，卡洛斯在哪里？"卡洛斯突然笑着跳出来。"我们看见你了！躲猫猫！"布兰登叫道。两个婴儿都低下身子躲起来。而后，布兰登一遍又一遍耐心地跟两个婴儿玩这个游戏。

谈论婴儿的行为并表露出兴奋之情

你不需要把成人玩玩具的方法教给婴儿，只需要与他们一起探索玩具，并评论他们当前的行为。如果婴儿朝一篮木偶靠近，那么你要紧跟他的脚步。当他仔细观察每一个木偶时，你要蹲下来关注他并积极地回应他——你的面部表情要表露出你对他新发展的技能很感兴趣，也很兴奋。

这个年龄段的婴儿从老师那里获得信号，从而决定他们应该如何看待自己。当你对他们的兴趣和发现表露出关注和兴奋之情时，你就是在"告诉"他们，他们所取得的成就是非常有价值的。同时，你也在支持他们获得自我价值感。

继续使用自言自语和平行对话。针对这个年龄段的婴儿，使用自言自语和平行对话的技巧仍然很重要。当某项活动对婴儿来说貌似很可怕时，谈论你正在做什么，会让婴儿觉得你很安全可靠且活动是可预测的。详细地描述婴儿正在做什么，则可以丰富他的词汇量，并让他确信你正在关注他。你看起来只是在自言自语，但是婴儿能从中收集信息，理解并加工周围发生的一切。很快，婴儿的语言就会喷薄而出了！

让婴儿来引领游戏，但有时也要通过示范来鼓励他们参与新游戏。观察婴儿以及他们玩玩具时的兴趣所在，并让他们引领游戏。毋庸置疑，这一点很重要。但是，你也可以拿着一个类似的玩具向他们示范如何使用它，从而鼓励他们模仿你的行为并进行新的尝试。

示范与向婴儿展示如何做某事不同。在进行示范时，你不用要求婴儿必须观看并模仿。你只需要使用一个类似的玩具，展现出它的另一种用法。例如，如果婴儿正在敲打一个咖啡罐或一个由燕麦盒制成的鼓，那么你可以拿起另一个咖啡罐或鼓并敲打出不同的节奏。你也可以用更轻柔或更大的声音敲打。如果婴儿因某项任务太难而感到沮丧，那么你可以让这项任务变得更易于他完成，或者建议他做出一些有益的改变。例如，你可以说："看起来你想抓住铃铛上的那根丝带，但是丝带一直在晃来晃去。我想知道，如果你等到它静止下来后再去抓，结果会怎样？""你的小汽车好像撞到墙了。也许你可以下车将它掉头，然后重新上车，让它动起来。"

你也可以向婴儿示范手势和语言。婴儿的口语表达能力尚在发展当中，因此在表达时辅以手势，有助于减轻婴儿的挫折感，并增强他们与你进行双向沟通时的参与感（Kirk 等，2012）。

增强婴儿听从指令和轮流参与的能力

有来有往的游戏增强了婴儿的认知技能与语言技能，轮流参与则是沟通的核心。

> 玩一个类似于"我把球滚给迈卡，他再把球滚回给我"的游戏。

> 给婴儿唱一首歌并邀请他跟随歌曲做手势，例如，"在哪里，在哪里，阿西娅在哪里？她在这里！"鼓励婴儿指向自己的好朋友。这是一种通过游戏性互动来构建集体的方式。《呼噜，呼噜，呼噜响》（*Willoughby Wallaby Woo*）是一首木偶歌曲，它以一种游戏化、音乐化的方式教婴儿认识人名。例如，"呼噜，呼噜，呼噜响，一头大象坐在你身上。呼噜，呼噜，呼噜响，一头大象坐在奥玛尔身上"。

> 利用木偶讲一个简单的故事，并把木偶藏起来让婴儿寻找："米伯斯先生在哪里？你能找到他吗？"

创设一个"一切都可以"的区域，并提供合理的选择

行动期的婴儿对世界充满好奇，渴望社交，也是有能力的学习者，

他们探索得更多，并经常发现自己进入了一个被禁止进入的区域。为了让婴儿的探索活动更有价值，也为了将你设置限制的需求降到最低，你可以创设一个“一切都可以”的区域。在这个区域，婴儿可以探索他们能接触到的一切事物（Lally，Stewart，& Greenwald，2009）。

同样，当婴儿出现挑战性行为时，你要寻找其行为背后的需求。婴儿其实是在通过他的行为告诉你一些信息。当你了解他的需求后，你可以重新引导他接受一个合理的选择。这样做通常比惩罚管教更有用，特别是当你通过游戏来完成这一过程时。

例如，如果一个婴儿正在扔很硬的东西，那么你可以递给他一些柔软的东西，然后向他示范如何将它们扔到一个大篮子里，同时态度坚定地对他说：“我们来扔软的东西吧。”这样做既满足了这个婴儿想扔东西的需求，又保证了其他婴儿的安全。如果一个婴儿在拉同伴的头发，那么你可以带他去拉铃铛上的丝带或绳子（将铃铛上的丝带或绳子剪短一些，长度刚好能被婴儿抓到但又不会缠绕住他们），并对他说：“你可以拉这个铃铛，拉别人的头发会让别人很痛。”然后，和他一起拉响铃铛。

你在教他学习社交技能的同时，也要牢记他需要探索并观察自己的行为会产生什么样的影响。

如果在互动时你给婴儿提供了许多机会，让他能从众多合理的选择中选出自己最感兴趣的那一个，那么在没有选择余地必须服从的时候（比如，你必须给他换尿布），你们之间的“权力争夺”将会大大减少。“权力争夺”越少，你们俩越有更多的时间和精力来进行游戏。虽然婴儿无法选择是否参与活动，但是你仍然可以像下面案例中的教师那样让活动变得有趣。

游戏化常规

奥兹（14 个月）喜欢攀爬，喜欢和扎克（14 个月）一起玩游戏，也喜欢和成人一起玩游戏。例如，他把一辆塑料小车递给老师，然后和老师一起让塑料小车沿着教室阁楼的边沿移动。当老师要给他换尿布时，他拒绝了，想继续玩他的游戏。他的老师很有趣，她抱着奥兹像飞机一样“飞”到更衣区。然后，她一边给奥兹换尿布，一边唱有关飞机的歌曲。很快，奥兹就跟着老师一起咯咯笑了。当被放到地板上后，奥兹急切地回到扎克身边，重新和他玩了起来。

支持社交退缩婴儿的游戏

虽然你通常会追随婴儿的游戏脚步，接受他的游戏邀请，或者向他示范一个游戏想法，但是，有时你也需要为了婴儿而发起游戏，从而让婴儿产生安全感并愿意与你一起游戏。

贝卡在 15 个月大时来到了这个托幼中心。她的母亲患有严重的抑郁症，并遭受过家庭暴力。教师团队与贝卡的母亲密切联系，为她提供支持，并帮助她寻找短期的护理服务。贝卡的行为受她母亲的影响也变化无常。当她的母亲情绪抑郁时，贝卡看起来也很悲伤，她像胎儿般蜷缩在地板上，对教师毫无回应。她也经常不参与游戏。

教师们通过读书、拥抱、唱歌等方式来陪伴贝卡。他们为贝卡提供了道具，让她可以把备感压抑的场景表演出来，也给她提供了反映她的单亲家庭结构的绘本。当贝卡表现出社交退缩行为时，教师们拿起她喜欢的玩具，假装用它们进行游戏，以激发贝卡的游戏兴趣。当贝卡变得活泼一些后，他们继续密切地观察她，希望了解她的热情和兴趣所在，以便帮助她找到应对更艰难日子的方法。

帮助婴儿使用材料解决问题

行动期的婴儿非常擅长观察和模仿，并利用这些技能帮助自己学习事物的运作方式。伴随着个人成长和经验的增加，他们会尝试使用不同的策略来解决问题。为了增强并拓展婴儿对于解决问题的兴趣，你要为他们提供开放性材料和活动。例如，和婴儿一起在音乐区用钢琴、沙锤和鼓玩游戏，当你们一起探索如何创作音乐时，他能从中试验因果关系、发现如何发出不同的声音以及模仿你的技巧，比如，创编一个基本的节奏段落。

在艺术和感官区投放水和玩沙工具，是邀请婴儿进行此类游戏的另一种方式。认知游戏区的材料，如拼图、叠叠杯等，也有益于培养婴儿的问题解决能力。你应该避免纠正婴儿的行为，例如，他试着把一个大杯子放到一个小杯子里。可以先让他尝试使用自己的策略，当他开始露出沮丧的情绪时，你再给他提供建议来帮助他应对挑战。

帮助婴儿找到让球下落的方法

米洛（15 个月）捡起一个皮球，试图把它按到落球箱顶部的洞里。然而，这个球的尺寸不太合适，它太大了。米洛的老师丹尼尔评论道：“你正在把那个大球按到小洞里……看起来不能成功。我想知道，为什么会这样？”当米洛皱着眉头看向老师时，丹尼尔建议道：“你想试试我的这个球吗？它更小一些。”他拿出一个大小合适的球。丹尼尔老师将米洛的注意吸引到了球的尺寸差异上，并建议而非要求米洛尝试另一种方法来解决问题。丹尼尔老师为米洛指出了一条成功之路，并引发他思考下一次如何实现自己的目标。

促进婴儿的社会互动

了解婴儿为什么会这样做。 如果你长期照护同一群婴儿，那么你可能会发现，曾经行为温和的婴儿开始从他人手里拿走玩具、攻击他人，并拒绝分享材料甚至空间。这并不奇怪，因为婴儿开始为自己的游戏制订计划了。当一个婴儿需要一定的材料来实现他的游戏想法时，他就有了充分的理由来宣告自己所拥有的空间、占有某些道具，以及拿走他认为自己需要的东西。此时，你不应将婴儿的这些身体行为或冲动行为视为霸凌行为。

这个阶段的婴儿可能会把玩具递给其他孩子，但他们实际上并不是在分享。他们可能会随时拿回玩具。有时，他们只是想给其他人展示一下玩具而已。他们并未准备好同时与其他婴儿一起玩这个玩具。当他们突然决定进行一项游戏活动时，比如，把教室里的物品都藏起来，他们也并非出现了退步。你应将婴儿占有物品的需求视作他们发展的新阶段，而非退步行为。这有助于你支持婴儿学习轮流、等待以及帮助他们找到新的活动，而不会因为婴儿没能成功地运用正在发展的社交技能而感到沮丧。

按照步骤帮助婴儿解决社会冲突。你可以引导婴儿做出积极的社会选择，从而让互动更加顺畅。当一个婴儿因为另一个婴儿也需要同一个玩具而生气时，你可以走到这两个婴儿身边，与他们一起握住引发争抢的物品，识别问题及其引发的情绪，并提供解决方法，必要时跟进后续发展（Evans，2016）。下面，让我们看看吉扬老师是如何运用此流程来解决埃尔莫和桑迪之间的冲突的。

解决两个婴儿之间的冲突

埃尔莫（12 个月）手里拿着一个叠叠杯，坐在认知游戏区的地毯上。桑迪（15 个月）走到他面前，抓住他手中的杯子。埃尔莫大叫起来。他们的老师吉扬一直在观察这一互动，她见状走过来，握住这个杯子，评论道："桑迪，这个杯子在埃尔莫的手里，他正在使用它。当你拽它的时候，埃尔莫看起来很伤心。"吉扬老师用食指在自己的脸颊上比画了一滴眼泪来表示"伤心"。

桑迪把指尖轻敲在一起，这是表示"更多"的意思。"是的，这是一个好主意。"吉扬老师愉快地评论道，"就让埃尔莫用这个杯子吧，咱们一起去找更多的杯子。"她一边说，一边做出"更多"的手势。桑迪和吉扬老师松开手，把杯子还给埃尔莫，于是埃尔莫放松了下来。桑迪和吉扬老师走到架子前，找到了更多的杯子。"现在你们俩都有杯子了，问题解决了。"吉扬老师说道。

一般来说，对于这个年龄段的婴儿，等待轮流和寻找更多的玩具都是适宜的解决方法。不过，等待轮流对婴儿的能力要求很高，超出了这个年龄段大多数婴儿的发展水平。他们的分享行为，即带着同一目标在同一时间使用同一个玩具，有可能发生在大件材料身上，如一个玩具停车场、一架大型钢琴等。但是，不要期望他们能一起玩一件大家都梦寐以求的小玩具，如一个桶、一把铲子等。

当婴儿因分享玩具而发生激烈的冲突时，你可以使用上述步骤，从而支架婴儿发展问题解决能力（请参阅第 4 章中有关此过程的详细讨论）。但是，请记住，这个年龄段的婴儿大都没有意识到这是一个问题，或者受到这个问题的困扰，因此，你很少会实施上述所有步骤。你只需要评论一个婴儿很伤心，他想要这件物品，就可以结束冲突。通常，旁观互动的成人比互动中的婴儿更烦恼。

当婴儿发生冲突时，你可能很想直接把物品拿过来，把它还给最初玩它的孩子，而不去解释问题并根据上述步骤寻找解决方法。但是，这样做只是向婴儿表明体格更大的人才能拿走物品，而这个行为正是最初导致问题的根源！

引导婴儿站在他人的角度思考。密切关注情绪强烈、性格固执的婴儿，并引导所有婴儿认识到自己的行为会如何影响他人。他们需要你来帮助他们控制自己的社会冲动，并明白自己的行为有时会给他人带来烦恼。例如，你可以说："当你从莱昂内尔的手中拿走形状分类盒时，他很伤心，因为他正在用它。"你可以对婴儿运用上文所介绍的问题解决步骤。

陪伴的时间

当一个婴儿打同伴、抢同伴的东西、扯同伴的头发或故意撞倒同伴时，你很容易对他采取"计时隔离"（time out）措施，让他思考自己做了什么以及下一次应该怎么做。然而，行动期的婴儿和年幼的学步儿还不会反思自己做错了什么，他们仍在学习控制自己的冲动反应以及用更容易被接受的方式来表达自己的强烈情绪。当他们需要更多的支持或个人空间，或者需要远离教室中的混乱状况时，他们通过自己的行为“告诉”了你这一信息。他们需要你去倾听。

当一个婴儿反复地出现挑战性行为时，与其把他隔离，不如试着与他共度“地板时间”（floor time）。地板时间是由斯坦利·格林斯潘于1999年发明的一种技巧，主要用于满足那些很容易因感官信息输入而不知所措、无法控制自己的攻击性冲动，或者与同龄儿童相比存在发展差异的儿童的需求。对教师和家长来说，通过陪伴（time in）来支持这类婴儿是一个很有效的方法。

为了陪伴婴儿，你要找到与他一对一相处的时间，关注他的长处，并与他建立联系。最好选择只有你们两个人的安静空间来度过这段时间，这样效果最佳。当一个婴儿出现挑战性行为时，给予他更多的关注似乎有违常理。但是，当一个婴儿感到混乱无措，或者需要你给予他更多的支持时，他没有多少办法来表达自己的这一需求。当婴儿艰难地应对感官及社会挑战时，你帮助他们保持冷静并专注于游戏的关键，就是支持他们的情绪发展并与他们建立联系。你可以在陪伴他们的时间中做到这些。

适宜行动期婴儿参与的游戏环境：安全且引人探索

行动期的婴儿是行动迅速且有能力的探索者，因此，你在创设教室环境时必须考虑到这一点。因为他们可以自行探索感兴趣的区域，并决定去哪里以及做什么，所以要让每个区域都易于他们进入。同时，每个区域都应提供一系列可供选择的材料，从而促进婴儿在各个领域的发展。例如，行动期的婴儿既喜欢在开阔的空间里推手推车及其他滚动类玩具，又喜欢狭窄的藏身之处和容器，如低矮的洗衣篮，以探索如何把自己的身体塞入这小小的空间。

当你提供了一系列丰富的活动并随着时间的推移而不断地增加它们的复杂性时，你就能帮助每个婴儿逐渐理解事物是如何运作的，以及人们是如何互动的。你正在与他们共舞，并拓展他们的想法。下面，让我们看看贾泽尔的老师是如何做到这一点的。

贾泽尔（17 个月）的母亲与她的老师特里梅因分享道："在家里，贾泽尔喜欢把柔软的布篮放在头上来逗趣。"于是，特里梅因老师也在教室中准备了类似的篮子，以继续培养贾泽尔的这一兴趣。当贾泽尔把布篮放到头上时，布篮遮住了她的眼睛，让她看不见了。特里梅因老师随之调整，提供了柔软的布帽。贾泽尔很高兴，她开始把帽子戴在自己的头上、布娃娃的头上以及特里梅因老师的头上。

而后，特里梅因老师注意到贾泽尔在拽布娃娃的尿布。于是，特里梅因老师对此进行了拓展，她创设了一个"布娃娃尿布站"，并在里面放置了装满布头的纸巾盒、魔术贴尿布，以及一个放在垫子上的布娃娃。贾泽尔开始再现老师给她换尿布时的一些步骤，比如，把布娃娃放在桌子上，并擦拭布娃娃。

以下是一些建议，将能够指导你设计教室环境和投放游戏材料。

提供不同的选择，支持婴儿的探究兴趣

挑选玩具，以邀请行动期的婴儿"研究"他们的每一项发现，并帮助他们理解事物是如何运作的。观察每个婴儿，思考他们正在研究何种技能或概念，并为他们提供一些不同的材料，从而支持他们更好地探索这种技能或概念。如何选择材料以支持婴儿的概念与技能发展呢？下表列举了一些示例。

选择材料以支持婴儿的概念与技能发展

婴儿正在探索的概念	提供的材料
空间关系	装满鸟食或水的罐子，以及用于装填和倾倒的量杯； 装满围巾或其他布料的盒子或者酸奶箱，供婴儿装填和倾倒。
客体永久性或外显记忆（理解即使看不见物体，它仍然存在）	挂起来的、用于玩躲猫猫游戏的围巾或窗帘； 用于追踪运动中的物体并观察其变化的落球箱； 一个带盖子的、能看到其内部物品的鞋盒； 一个内嵌一扇门的大号硬纸箱，供婴儿藏在里面并向外观察。
使用工具解决问题	铲子和桶； 戏剧游戏区里用于练习的勺子； 音乐区里的乐器； 认知游戏区里的锤子和落球箱（在硬纸箱上剪几个洞，洞口大小与班级里的球相匹配；然后，用包装纸把硬纸箱包起来，以便于清洗）。
因果关系	可用于抛掷的球，以及能让球向下滚动的泡沫斜坡； 按下按钮后会弹出动物的弹出式玩具； 带轮子的手推车。

平衡材料的新奇性与熟悉性

虽然行动期的婴儿比乳儿期的婴儿更需要新奇的事物，但是在提供材料和活动时，你也需要在一成不变和变化无穷之间保持平衡。跟乳儿期的婴儿一样，一成不变会让行动期的婴儿感到无聊，因为活动太简单或太熟悉。过于频繁或快速地更换活动，则可能给婴儿带来压力感或挫折感，因为这些活动太复杂了，他们很难掌握。

你可以很容易地判断，自己有没有及时地更换材料。如果材料更换不及时，婴儿可能会忽略教室里的所有区域而去寻找少数新奇的物品，并因此发生冲突。他们甚至可能试图打开教室的门离开！如果材料更换得太频繁，那么婴儿也会通过不同的行为表现出来。例如，对新事物探索缓慢的婴儿可能会坐在你的腿上不肯下来，不愿意进行探索。而对那些正在使用某一玩具或图书来支持自己的探索，或者正全身心投入某一特定活动的婴儿来说，一旦玩具、图书被拿走，活动被取消，他们就会变得很焦虑，可能会通过扔东西或推搡其他孩子来表达这一焦虑情绪。

增加惊喜的元素。根据每个婴儿的喜好选择要增加或更换哪些材料，以及何时增加或更换。研究表明，当材料以预料之外的方式呈现时，11 个月大的婴儿会更加专注，也将学到更多（Stahl & Feigenson, 2015）。因此，当你为行动期的婴儿规划活动和创设环境时，每周都要做出一些改变，例如，在每个兴趣区都增加一些小惊喜或新材料。这将使婴儿不断地获得新发现。

以婴儿的已有知识为基础。当你决定添加惊喜的元素时，要考虑婴儿已经知道什么以及他们期望什么。例如，如果婴儿已经知道一摞硬纸板积木掉下来时会发生什么，那么你可以提供一摞布积木并在里面放上铃铛。这样当布积木掉落时就会叮当作响，从而给婴儿增加一些惊喜。如果婴儿玩水和玩颜料的经验非常丰富，并且知道水会一直流动而颜料将会变干，那么你可以准备一些欧不裂（玉米淀粉和水的调和物）并将其放在感官桌上。这种材料既不会变干也不会流动，能够吸引婴儿研究它的特性。

考虑哪些方面保持不变。各个兴趣区的位置要保持不变，同时婴儿仍然感兴趣的材料和活动也要继续保留。例如，可以改变塑料动物玩具的种类或大小，使其与上一周投放的玩具不同，但是仍然要把它们放在教室里的同一位置。

根据婴儿发出的信号添加材料。倾听和观察婴儿发出的信号，然后做出细微的改变来满足他们的“要求”。这是在尊重他们的基础上为他们提供学习活动的一种方式。例如，如果你正在用照相机记录班级中孩子们的学习情况，而其中一个婴儿想要拿这台照相机，那么你可以在下周的课程中添加玩具照相机供婴儿探索。如果婴儿总是拽你的项链或眼镜，你就可以在戏剧游戏区投放太阳镜和牙胶项链。

这一方法也适用于你观察到的婴儿的其他兴趣。例如，如果婴儿喜欢透过太阳镜看东西，那么你可以投放中间镂空且覆盖了一层彩色透明纸的积木，从而拓展婴儿透过某物看世界的兴趣。如果你注意到婴儿把锅碗瓢盆放到了有小鸭子漂浮的玩水桌上，那么你可以放置更多的容器，从而拓展他们使用容器做试验的兴趣，进而理解“容积”概念。

提供数个相同的玩具

在创设教室空间时，你要投放大量相同的玩具。这样一来，婴儿就可以通过模仿他人的行为或参与平行游戏来拓展自己的技能，不会因分享玩具而发生不必要的冲突。例如，如果一个婴儿正在敲鼓，另一个婴儿见状也走过来打算模仿他敲鼓，可是只有一个鼓，这时后一个婴儿就很可能把这只鼓抢走。但是，如果架子上有两只相同的鼓，那么每个人都能拿到一个，然后看着彼此，开始一起敲鼓。问题解决了！

为婴儿进行假装游戏和发展自理能力提供道具

行动期的婴儿喜欢模仿现实的生活，比如，在戏剧游戏区打扮自己，给布娃娃换尿布，烹饪“食物”，等等。这类象征性游戏帮助他们练习精细动作技能，并排演日常活动步骤，这样他们就能协助大人帮自己换尿布或洗手。虽然照护区通常不被视为课程的一部分或一个游戏区，但是，婴儿能在这里进一步提升自己的模仿能力。观察有益于更好的模仿。

随着婴儿模仿能力的提升，你会看到他们参与更多的戏剧游戏（象征性游戏）。你可以提供外观真实的道具，如照相机、手机、锅碗瓢盆等，以邀请婴儿在游戏中模仿家长在家中做的事。

以下是一些有关道具投放的建议以及婴儿能从中学到什么。

> 在游戏区投放真实的衣服和配饰（如靴子、太阳镜、帽子、包等）供婴儿使用，有助于拓展婴儿的自理能力。他们可以毫无压力地练习如何把自己打扮得美美的。

> 投放真实的键盘、照相机以及其他设备供婴儿游戏，以便他们在模仿成人角色的同时，接触到家中不常碰触的材料。外观真实的玩具手机尤其令婴儿感到兴奋，而且价格低廉。

> 投放医疗设备，如听诊器、用于检查膝关节的小锤以及没有针头的注射器等，有助于减轻婴儿对医疗环境和设备的恐惧。熟悉并使用这些物品，会让它们变得不再那么神秘和可怕。

对于这些闲置的设备，在投放之前应先进行清洁，因为婴儿有可能把它们放到嘴里啃咬舔弄。另外，为了防止这些设备的内部零件生锈，要像清洁弄脏的书或木质玩具那样，使用消毒喷雾进行清洁（遵照你所在机构对于清洁和消毒的相关规定）。

行动期婴儿的兴趣区

随着婴儿逐渐向学步期迈进，你要引入更复杂的材料和活动。这个阶段的大多数婴儿不再啃咬、抓握、敲打和摇晃材料，而更可能像成人所想的那样进行游戏，即把这些材料作为工具，并通过基本的问题解决过程来检验它们的功能。

考虑到这一点，你就要邀请婴儿进入以下活动区去探索更复杂的材料和动作。

大肌肉运动区。确保教室里有足够的空间能让婴儿灵活移动。同时，提供楼梯、滑梯、大积木块或障碍物，以邀请婴儿不停地移动，并帮助他们发展平衡能力。每两周左右调整一下该区域，当积极活跃的婴儿一直专注于这里的活动时，他们和同伴之间的冲突自然就减少了。你要预料到这个年龄段的儿童对扔东西很感兴趣，因此，要给他们提供安全的物品，比如，材质柔软的球以及作为投掷目标的大容器。

安放低矮的斜坡供婴儿爬上爬下，并搭建一个中央隧道供婴儿爬行。同时，隧道要足够高，使婴儿能扶着站起来玩躲猫猫游戏。处于爬行中的婴儿喜欢趴在斜坡上面上下移动，会走的婴儿则喜欢在斜坡上挑战平衡能力。

艺术和感官区。放置比乳儿期更为丰富的材料，如蜡笔、画笔、粉笔、面团、颜料以及画板等（Schwarz & Luckenbill，2012）。要准备足够多的材料，以便分发给婴儿。记住，如果一个婴儿啃咬了某个物品，那么这个物品就是“他的”了，必须在用后进行清洗。此外，你要在手边准备好替换的物品！

自然和科学区。你可以考虑将该区角延伸至艺术和感官区。例如，沙水桌上搭建的鱼类栖息地模型会让婴儿很兴奋，他们喜欢用工具戳上面湿润的沙子，并用手抓上面的塑料小鱼。此外，你还可以放置一个鸟食箱并附上工具或研磨机，以邀请婴儿获得全新的发现。

自制面团的种类

你可以制作面团，它的成本非常低廉。当你班上的孩子不再常常把物品放到嘴里时，你就可以给他们提供面团了。加热过的面团经久耐用，而且不易发霉。网络上有很多制作面团的方法，加热和不需要加热的均有。你可以尝试制作不同质地的面团。

如果你把可可粉、香草、肉桂和其他有香味的食物加到面团里，婴儿可能会想尝尝。要阻止他们啃咬太咸的面团，并确保有足够的教师监督婴儿，能快速地把他们吃到嘴里的面团拿出来，或者阻止两个婴儿啃咬同一块面团。

市面上可以买到多种含盐量较低的可食用面团，也有许多制作方法，但是大多数都含有糖，而有些家庭可能不愿意孩子吃糖。此外，由于有些婴儿可能对花生酱和蜂蜜过敏，因此不要采用含有这些物质的配方来制作面团。

你可以在二手商店找到很棒的玩面团的工具。诸如压饼器、饼干模具之类的工具，它们不仅能将家庭与学校紧密地联系起来，而且价格低廉。小棍、细枝、松果、羽毛和其他免费的自然材料也可以成为玩面团的工具。你要运用自己的创造性思维，邀请行动期的婴儿操控玩具小车从面团上驶过去，或者操控塑料恐龙，让它们列队穿过面团。

认知区。在该区域放置一些需要仔细规划才能解决问题的玩具，比如，齿轮和安放齿轮的木板，钉板和可以插到钉板上的钉子，以及只能允许特定尺寸的球通过的落球箱，等等。此外，还可以投放乐高之类的积木，以便婴儿将其连接、堆叠、嵌套和拼插到一起；或者投放用于探索“容积”概念的玩具，如叠叠杯。婴儿喜欢将诸如雪花片之类的物品连接起来，也喜欢对着镜子之类的物品做鬼脸。

积木区。提供大量的积木，因为这个年龄段的儿童已经能够把它们堆叠起来。同时，也要确保提供充足的配件，如玩具汽车、塑料小人和动物等，这样婴儿就能一起玩游戏而不会争抢玩具。不过，无论是积木还是配件，大小、颜色和质地都要多样。

安静区。准备一些带有歌词的书，这个阶段的婴儿喜欢把一本书拿到老师面前请老师唱给他们听。木偶也能激发婴儿开启游戏互动。在这个年龄段，一些婴儿可以给自己戴上指偶。

音乐区。每种乐器都准备 2~3 个。当一个婴儿“演奏”乐器时，其他婴儿可能会成群结队地被吸引过来，他们每个人可能都想模仿同伴来弹奏一个乐器。

戏剧游戏区。投放能让婴儿进行组合和拆卸的物品，比如，可以穿脱尿布的布娃娃，可以戴在手上和脚上的配饰，等等。此外，还要放置一些能够鼓励婴儿用布娃娃来表演一日常规（如换尿布、洗澡等）的道具，以邀请他们通过游戏来表达自己对一天中这些环节的理解（Greenspan，2011）。在象征性游戏中，婴儿会模仿他们在家中看到的一切。所以，如果班级中有婴儿在家中使用筷子吃饭，那么你可以在戏剧游戏区提供训练筷，这不仅支架了婴儿的发展，还帮助他将家庭和幼儿园更好地联系起来。

许多人认为，婴儿的这一时期是黄金时期！你可能也这样想。在这一时期，婴儿能够探索、评论、思考和模仿，但又不会和他人发生激烈的冲突，也不会表现出强烈的反抗行为。他们渴望有一位游戏专家（你）陪在他们身边，与他们一起享受探索世界的乐趣！

第 **4** 章

学步期：16—36 个月

鉴于学步儿获得的新技能和兴趣，你需要合理地布置教室环境和设计活动体验，以适应安全和行为方面的新挑战以及学步儿的新成就！你需要观察学步儿的兴趣和发展里程碑，然后在此基础上循序渐进地做出调整，使他们不断地探索和学习。

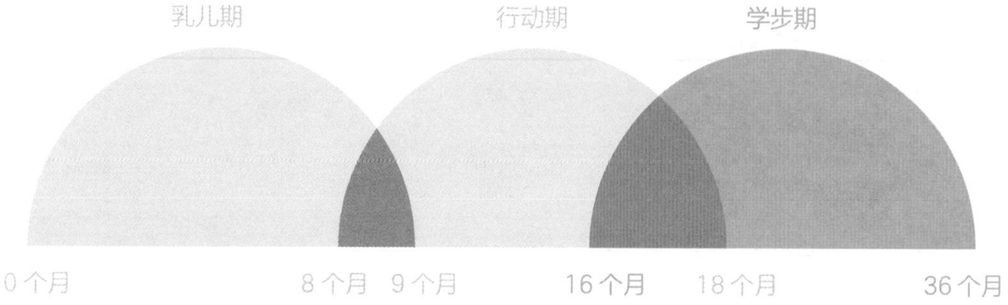

16—24 个月的学步儿是什么样的

虽然学步儿仍然对观察和模仿同伴非常感兴趣，但此时他们通常会通过寻求占有权和自主权来表达自己。他们可能想要拥有所有的新卡车，完成某个拼图，或想随身携带某个玩偶。因为他们注意到了拥有物品与否的不同，而且更了解事物是如何工作的，所以拥有某件物品对他们来说比过去更重要。

学步儿可能很爱说话，因为这个阶段往往也是语言爆发期。他们喜欢玩想象性游戏，例如，假装发出奶牛或塑料小汽车的声音。他们开始将自己喜欢的物品从其他物品中分离出来，比如，把塑料小鱼全都挑出来。假装能力是他们的一项重要技能，使他们能够表达对物体功能的理解，以及对社会角色和社会事件的理解。他们的游戏常常能反映出家里和社区中的物体和事件。随着时间的推移，他们模仿日常活动的能力，特别是做饭、吃饭、打扫和照料婴儿，越来越强且越来越带有家庭文化的特点。

学步儿在走、跑和攀爬方面更加自如。他们能够以更有效的方式来抓握工具，并利用工具来实现目标，例如，用笔涂鸦或用杯子倒沙子。在戏剧游戏活动中，他们能更熟练地穿上靴子、戴上帽子。

20 个月大的伊奇

妈妈：游戏是什么意思？

伊奇：玩。

妈妈：当你玩的时候，它又是什么意思？

伊奇：玩游戏。

妈妈：玩得好是什么意思？

伊奇：（轻轻地摸摸妈妈）玩得有意思。（捡起她的毛绒小猫，然后爬上去）玩这个……

24—30 个月的学步儿是什么样的

随着年龄的增长，学步儿对物品所有权、常规活动、吃饭时间以及游戏活动开始有自己的主见，并将自己的意见告诉教师。他们希望使用同样的玩具与同伴玩平行游戏，有时甚至直接抢走同伴手中的玩具。不过，和同伴共享玩具并不容易，因为他们的同伴通常都喜欢自己拿着玩具。

当游戏被打断或者当他们和小伙伴对游戏主题和所用工具持不同的想法时，他们可能会面临比之前更大的困难。这是因为学步儿对游戏情节和游戏发展有自己的想法，却不具备实现这个想法的身体能力或社交能力，也不具备应对失望和失败的能力。

他们能够很好地遵循一步要求或指令（比如，“请帮瑞安侬找到另一个勺子”），也更善于进行双向交流，这使得他们能够解决问题、冲突和参与游戏。在语言发展方面，你还会兴奋地发现：当你问他们想玩什么时，他们会给出回答！通过把他们的游戏选择告诉你，他们的计划能力和理解自己喜好的能力都得到了促进。

他们的认知能力正在快速发展。他们会按照自己的剧本表演故事，并开始用更复杂的形式探索假想的世界。他们不再满足于简单地喂自己的布娃娃，可能会邀请你和娃娃共赴一个茶话会，并且为你端上茶水。

他们还能更好地完成涉及大小和形状的任务，比如，拼图、把球放到洞里、用形状分类玩具给形状分类等，尤其是当他们分心或遇到困难时，你提供的帮助能让他们做得更好。他们还喜欢收集相似的物品，比如，美术区中的所有红色蜡笔和粉笔。

随着抓握能力、平衡能力和手眼协调能力的增强，学步儿每天都会用新的技巧尝试新事物，比如，搭建积木塔、扔球等。他们可以同时用双手在各种材质上画画，也可以拧开戏剧游戏区的罐子，并穿上作为道具的裤子，还能跑、能跳、能爬、敢冒险。他们希望你能注意到这一切。

30—36 个月的学步儿是什么样的

随着学步儿的不断成长，他们的游戏开始包括虚构的元素，如看不见的兔子、大灰狼以及灌木丛中的女巫等。在成人的引导下，他们能够加入一群同伴的活动，如挖沙子、捉迷藏等。他们可能会有一两个最喜欢的游戏伙伴（好朋友），会每天与他们一起玩游戏，并在游戏中轮流参与。

尽管他们有时会把喜欢的东西留给自己，但是他们现在更愿意与同伴分享一些材料。这意味着班级中为争夺游戏材料而发生冲突的次数减少了。不过，他们仍然会因为按谁的想法来玩而产生争执。

他们喜欢帮助别人，通常会接受你的邀请去帮助你或其他有困难的学步儿。他们也常常会帮助另一个孩子拿更多的胶带或积木，然后你会发现，孩子们不像以往那样经常需要你的帮忙了。

他们的身体能力比几个月前更强了，在运用自理能力和动作技能，比如，穿戏剧游戏区的衣服和在美术活动结束后打扫卫生时，不再常因受挫而沮丧。在艺术区，你可以看到他们剪纸、涂胶水、画画而且画得越来越接近真实的物体（比如，在一条线上画一个圆圈表示花），以及用面团制作“比萨”和“球”。在操场上，他们能熟练地爬到滑梯上，然后转身再滑下来。

他们会经常要求你给他们讲故事和唱歌，有时甚至会想出故事的另一种结局，或者利用故事中的语言玩游戏。他们能理解两步指令、要求和概念，这使得他们能够参加圆圈活动和集体运动游戏，比如，“木头人”游戏。他们还会问很多问题，因为他们正尝试弄清楚事物之间的逻辑关系（Zero to Three，2016）。你由此发现自己正面临着一个巨大的挑战，那就是必须善于回答问题！

学步儿是非常有趣的。他们正在发展更多的兴趣和技能，开始意识到自己是独立的个体，更积极地参与到社会性游戏中。他们的这些新能力使得你可以发挥更加有趣和积极的作用。追随学步儿的想象力令人兴奋，而且这远比几个月前看着他们摇晃拨浪鼓要复杂得多。现在，一块积木就可能是一部电话，而你可能会被要求给动物园打电话——这是多么可喜的发展啊！

不过，从上文中的描述可以看出，积极活跃的学步儿需要你时刻留意他们的社会性游戏。你的主要职责是帮助他们进行良好的互动，以及应对更复杂的材料和活动带来的挑战。

教师是什么样的

你需要很快地适应每个学步儿的气质，并根据他们的气质来调整你的支持方式，同时要牢记当他们累了、病了和饿了时，他们就没有那么能干了。当他们想冲出去看院子里的小生灵时，你需要加快速度；而后，当他们观察瓢虫身上的斑点时，你需要放慢脚步。当他们蹦蹦跳跳时，你会热情地给他们唱青蛙之歌；而后，你会给他们讲一个关于午睡的温馨故事，以降低游戏带给他们的兴奋，帮助他们平静和放松下来。你需要先行一步，留意学步儿喜欢的戏剧游戏活动和游戏材料，并提前做好准备。当你注意到他们的游戏出现问题时，你要立刻给予帮助。在这个班级中，你永远不会感到无聊！

教师的职责：吸引学步儿参与新游戏，帮助他们进行互动

虽然并不是所有的学步儿都会探索挑战性行为，比如，猛击玩具、打人、乱扔硬物以及大喊“不”和“这是我的”，但有些学步儿确实如此。虽然学步儿可能明白他们不应该做什么，但是他们还在学习如何控制冲动，所以冲突和发脾气可能会扰乱曾经平和的游戏。你需要准备好帮助他们解决问题，以便他们可以重新进行游戏和探索。本节中的许多建议都聚焦于此。至于如何支持学步儿的探索和发展，我们将在下一节探讨。

注意个体需求和集体安全

当你照护一群刚学会平行游戏和正学习从他人角度看问题的学步儿时，你很难留意到教室里发生的所有事情。你需要身处什么位置才能为那么多孩子的游戏提供支持？你要怎样做才能兼顾学步儿的个体需求和集体需求？

这里有一些小技巧供你参考：

> 观察教室里的动态，特别是那些想法和处事方式不同的学步儿的互动。因为他们在互动时更容易发生冲突，所以，在他们开始游戏时，你要准备好介入。

> 当那些需要较多游戏指导的学步儿能够自己玩耍或参与类似听故事的集体活动时，你需要观察那些需要较少游戏指导的学步儿。

> 当班级太吵或太安静时，你需要格外警醒，因为它会让你很难追踪班级中的社会互动及其在一天中的变化，让你不能及时捕捉当下正在发生的事情。

例如，达亚（24个月）通常很喜欢坐在地板上的某个地方给布娃娃换尿布，与她同在一个主要照护小组（即由同一位教师照护）的莉莉（24个月）和西拉（25个月）则比她活泼、主动，她们在教室里穿梭，从戏剧游戏区移到攀爬架，然后又去玩形状分类玩具。

在与这三个学步儿玩耍时，你需要随机应变。当莉莉与他人互动时，你要紧随其后，因为她容易冲动地从其他孩子（尤其是西拉）的手中夺走玩具，而不是自己去寻找更多别的玩具。你知道，西拉能够适应与班级里大多数孩子之间的互动，但却对莉莉经常抢玩具的行为反应强烈，而且可能会因此发脾气，所以当你看到她们之间的游戏正朝着这种方向发展时，你要更加密切地观察。

你对这三个孩子都有照护的责任，所以需要花点时间陪伴莉莉，对她进行社交指导，并向她强调："那个玩具在西拉的手里，咱们再找别的玩具玩。"当莉莉独自玩游戏时，比如，玩艺术类游戏，你就可以与达亚互动，听她谈论她的布娃娃，并邀请她尝试参与其他活动，比如，在美术桌上操作艺术材料，或者与西拉或莉莉一起玩，等等。

你知道西拉会经常寻求你的关注，而且会和莉莉进行很多社会互动，所以你不用特别留意西拉。不过，你应该在每次给孩子换尿布或带她们上厕所时都与她们进行个性化互动，这样你和每个孩子每天都至少有一次单独的互动。

放眼整个班级，你会发现，这种社交动态更加复杂。当你将注意力主要放在那些可能会面对更多社交挑战的孩子身上，比如莉莉，以及支持那些在适应新环境方面比较慢的孩子时，也不能忘记那些适应性更强的孩子，他们也需要感到自己在集体中是重要的、有价值的、被倾听的一员。

通过"解说"支持社会性游戏

为了成功地促进学步儿之间的游戏，你必须要温柔、有耐心、有趣，以及擅长解说和随机应变。比如，你可以说"看起来，你正爬向丽塔""当你离德伦搭的动物园太近时，他看起来很担心，他正在努力搭建笼子呢”“你得温柔点，埃拉”。这种解说策略能提醒学步儿了解他人的想法，而且能让你在必要时设置限制。

练习“观察—询问—适应”模式

在运用“解说”策略的同时，你可以尝试“婴幼儿及照料者项目”所推荐的一种模式，即“观察—询问—适应”模式（Lally 等，1990）。当与非常年幼的儿童共处时，你很容易介入他们的游戏并帮助他们解决问题；然而，明智的做法是先利用片刻时间进行反思。这有助于你发现重要的线索，并避免对游戏以及儿童的行为和动机妄下结论。

下面，让我们来看看如何在凯特（24 个月）和佐伊（26 个月）身上使用这一模式。你注意到，凯特抢走了佐伊正在玩的叠叠杯。

观察。首先，尝试了解每个学步儿的游戏计划或尚未得到满足的需求。你需要考虑到很多因素，比如，他们课下互动的情况、他们之前的课上互动情况、他们的喜好以及他们的身体和情绪状态等。例如，凯特来到幼儿园时已经很累了，因为她刚出生的小弟弟半夜总是哭，而且由于她家即将搬家，因此她喜欢的所有物品都被打包装箱了。佐伊有三个哥哥，她因此经常被要求分享东西。掌握这些信息，将有助于你实施下一个阶段，即“询问”阶段。

询问。接下来，你就需要问问自己：“这里发生了什么？”虽然表面看来只是凯特抢走了佐伊的玩具，但是你需要考虑有可能导致这种行为的诸多因素。你知道凯特通常都是一个人安静地游戏，而现在她突然从佐伊（佐伊通常也是独自安静地玩耍）手里抢走了玩具。你想起，凯特家里迎来了一个新生命，而且她家即将要离开原来熟悉的场所搬去一个陌生的地方。你由此反思道，她今天可能需要更多的关注，而抢玩具就是获得关注的一种方式。或者，她现在想要拥有更多的东西，因为她自己的很多东西都被拿走了，她原本在家庭中的角色以及她的家都和从前不同了。

此外，还有一个问题关乎当下的事件：佐伊真的会因为凯特抢走了她的叠叠杯而不高兴吗？她们可以一起使用另一套叠叠杯吗？两个孩子没有进行过平行游戏，因此这也许是这两个并不擅长共同游戏的小家伙一起游戏的机会，而非冲突的开始。你要针对这些因素迅速地问一问自己，为进入最后一个阶段做好准备。

适应。一般来说，当你注意到学步儿之间出现问题时，你只需要走上前去解说、评论你所看到的就足够了。然而，有时候，你可能需要以一种不动声色的方式介入其中，比如，坐在学步儿中间或身后，以便解说他们的行为；或者提供更多的资源，如另一套叠叠杯。当学步儿之间爆发真正的情绪和冲突时，你可能就需要使用冲突解决的流程来帮助他们解决问题。不过，通常情况下，你只需要使用“观察—询问—适应”模式就足够了。

积极地引导

因为学步儿的社交技能还在发展中，所以你需要设定积极的限制并引导学步儿的行为。对学步儿来说，班级中的社会规则应当非常简单。你可以要求他们轻柔地对待彼此和玩具，并遵守安全规则。当你使用这些规则为学步儿设定限制时，要以积极的语言进行表述。

> “你要轻轻地摸她。”
> “你可以扔软软的东西。”
> “我们得坐着吃东西。”
> “你可以在攀爬架上爬。”
> “你可以撕纸，不过我们对待书要温柔点。”
> “那样会咬疼别人！你可以咬这个牙胶。”

虽然对学步儿说“不准打人”或“不准扔东西”往往比告诉他们你想让他们怎么做更容易，比如“轻轻地摸”或“沙盘要放在低处”，但是消极的要求对学步儿来说更难理解和遵守。另外，当你过度使用“不”或“不准”这类词汇时，儿童就会习惯于听到它们，以至于当你需要阻止真正的问题时，它们就不再具有力量了。不过，有时，即使是积极的表达也会显得机械生硬且毫无意义。例如，你运用它们来引导儿童，手里却忙着做其他事情。因此，当你提醒学步儿动作要轻柔或坐着吃东西时，你需要花时间与他们进行一对一的互动，这也是对他们的一种尊重。

当班上有几个年龄和发展水平相近的小朋友时，冲突可能很快就会接踵发生。不过，如果你能在执行班级社交规则时始终保持一致，例如，“等别的小朋友用完玩具后才能用”，那么大多数学步儿都将越来越关心彼此。

帮助学步儿选择另一种方式

学步儿似乎总是处于冲突之中，很容易让你想当然地认为他们应该分享或各玩各的。然而，他们的社交技能尚处于发展之中，他们需要你运用具体的策略来支持他们。你可以通过温柔的提示与重构表述来介入和退出学步儿的游戏，你将会看到，他们在游戏中相处得远比你期待的要好。

例如，你在准备点心时注意到两个学步儿正肩并肩地坐在一起堆积木，然后，你看到另一个学步儿走了过去，并且知道这个学步儿喜欢把积木推倒。此时，你可以先观察片刻，然后告诉这个学步儿："这里的游戏是搭建积木，另一个地方有很多积木供你推倒。"这样的处理方式没有占用你很多时间，却可以让积木建构游戏持续得更久。

但是，如果你忽视了这种潜在的游戏冲突，没有提示第三个学步儿去玩其他积木，那么你可能需要完全停下手中的点心准备活动，以便处理因为积木被推倒而引发的尖叫和踢打。

学步儿的执行功能，如自我控制能力、工作记忆和心理灵活性等，还发展不足。因此，对他们来说，控制从朋友手中抢夺玩具的冲动，饥肠辘辘的时候等着老师提供点心，记住图书中的故事情节，以及保持和转移注意力，都是非常困难的任务，甚至是不太可能完成的任务。学步儿需要你的支持来抑制冲动并选择另一种不同的行动路径。

了解你自己

你需要了解自己的易怒点，即儿童说什么或做什么容易惹怒你（Brault & Brault，2005）。比如，学步儿咬人、打人或反抗可能导致你发火。你需要审视自己的情绪，并在这类行为发生时调整自己的反应。此外，你还需要知道搭班教师的易怒点是什么。

你也需要了解自己为什么会有这样的反应，并学习更多的支持性技巧。这样做有助于你避免给那些不擅长互动和控制冲动的孩子贴上负面标签，如小霸王、爱哭包、爱咬人等。

从一日常规和教室中寻找行为线索

如果学步儿出现大量的挑战性行为，那么你就需要仔细分析环境创设或者一日常规，以判断它们是否对学步儿的行为造成了影响。虽然咬人、打人和反抗是很多学步儿的典型行为，但是环境或常规仍有可能导致他们很难控制自己的情绪和行为。如果你能确定具体的原因是什么并改变它，就能大大减少学步儿的挑战性行为。以下是几个常见的例子。

如果你注意到了学步儿的这些行为：

> 咬人事件经常发生在学步儿要等着同伴都穿好鞋子才能去户外活动时。

> 几个学步儿经常指着一条蓝色木偶鱼大声地宣称它是自己的，但其他木偶却无人问津，也没有发生有目的的游戏。

> 在拥挤的环境中或在攀爬架的顶端时，一名学步儿经常推搡别人。

你可以尝试做出以下改变：

> 一次只安排一组学步儿及其教师去户外活动，以减少等待的时间和门口的拥挤程度。

> 把那条过于受欢迎的木偶鱼拿走，或者再找几条一样的蓝鱼木偶鱼。

> 观察这个正在推搡同伴的学步儿，他是否因为无法走出阁楼或无法从滑梯上滑下来而感到被困住了？也许他的推搡行为只是为了表达因为空间狭小而引起的不适感。你可以试着限制某一区域内学步儿的数量，或者帮助这个学步儿找到一个不太拥挤的空间。

如果你能客观地审视一日作息安排、教室的布置以及为儿童提供的体验活动，那么你可能会发现，对其中一个或多个元素进行调整将会促使负面行为的显著减少。例如，过多地要求学步儿分享，可能会导致他们互相争抢某一玩具而不是寻找其他的玩具。

关于分享

学步儿尚不具备分享的能力，但是他们能够轮流使用玩具。在幼儿园一日生活中，学步儿之间会发生无数次的冲突。面对这些冲突，你可能要求他们立即分享，认为这将帮助他们学会友好相处。但是请想一想，你是否会这样要求自己。假设你正在使用手机，而别人坚持也要使用，此时，你可能会拒绝他或者告诉他等你用完后再给他，而不是马上把手机交给对方（Shumaker，2021）。因此，与其坚持让学步儿进行分享，不如引导他们学会说“我用完后你就可以用了”，这样既能培养学步儿变得慷慨大方，又能让想要独立控制局面的他们可以掌控自己所喜欢的东西。

考虑学步儿对感官信息的多样化需求

有些学步儿需要从环境中接收大量的感官信息或刺激，以便与他人连接和互动（Williamson & Anzalone，2001）。例如，一个学步儿可能不会对另一个学步儿的游戏邀请和游戏互动有所回应，除非对方发出明显的信号，比如，灿烂的笑容、夸张的手势和明快的语调。他可能会通过大大的拥抱、频繁的触摸、啃咬、推搡或类似的行为来寻求与他人互动。然而，这会给他的游戏带来挑战，因为他可能会在无意中粗鲁地对待一起玩耍的人，而且当别人告诉他不要以这种方式玩耍时，他可能并不理解。

另外一些学步儿则很容易被感官信息弄得不知所措，他们可能试图避开这些信息，比如，发出很大声音的玩具、吵闹的玩伴以及教室里拥挤的地方。当班级中的学步儿对感官信息的反应不同时，他们在游戏时就会发生冲突，也会给你监督和支架他们的游戏带来挑战。你可以利用他们共同进行的活动，如玩面团或一起看书，来帮助他们适应他人的不同需求和喜好。

利用学步儿乐于助人的特点

通过关注学步儿、为他们提供支持和反馈以及在教室中给予他们一些控制权，你可以有效地缓解他们的强烈情绪。例如，当学步儿倾倒鸟食时，当他因鸟食桌前太拥挤而感到沮丧时，或当他喜欢的杯子被同伴抢走时，你可以邀请他帮助你用小扫帚清扫洒落出来的鸟食，这是一项有趣的活动，可以引导他从之前的活动或情绪中走出来。

如果你擅长使用游戏化手段，那么你将会发现，当游戏出现问题时，很多学步儿都是好帮手。他们可以帮你找胶带来修补一本被撕坏的书，清理他们洒在桌子上的颜料，以及当积木掉到同伴的身上后，找一个凉凉的牙胶安抚他。当他们有更多的机会成为集体中的一员和活动计划的一部分时，他们就更有可能在需要时配合教师主导的活动和过渡环节，并将自己视为一名小帮手。

支持学步儿解决问题

为了帮助学步儿解决当下的社会冲突，你可以简化使用高瞻课程为学前儿童研制的冲突解决流程（Evans，2016）。虽然学前儿童最终可以自己使用这一流程来解决彼此之间的冲突，但是学步儿在很大程度上依赖你来推动问题解决的过程。此外，问题能否成功解决还取决于相关儿童的沟通技巧，以及他们当下的无措程度。以下是解决儿童之间冲突的基本步骤（Evans，2016，23—30）：

1. 冷静地靠近儿童，阻止任何带有伤害性的行为；
2. 认可儿童的感受；
3. 收集信息；
4. 重述问题；
5. 询问儿童解决问题的办法，并一起从中选择一个；
6. 准备好提供后续支持；

如果是由某件物品引发的冲突，那么你可以让冲突双方共同持有该物品，避免进行拉扯。在停止伤害行为的同时，共同持有玩具可以让学步儿专注于进行对话，而不是对物品的占有。你可能很想自己拿着玩具，但这不是一个明智的做法，因为这等于是在告诉学步儿，体格更大的人才能拿着玩具。学步儿是无法像大孩子那样理解公平和正义的。如果你确有必要拿走这件物品，那么你需要向学步儿做出解释：“在我们讨论这个问题时，我先替你们保管它。”

当学步儿陷入冲突时，高涨的情绪使他们无法冷静下来参与到问题解决的过程中。因此，你首先需要帮助他们恢复平静，然后再帮助他们解决问题。你可以给他们提供身体上的安慰，比如，抱着他们或抚摩他们的后背，同时用轻柔、舒缓的语调描述他们的强烈感受。之后，你可以帮助冲突双方找到一个大家都能接受的解决方案。

年幼的学步儿可能只需要你使用前两个或前三个解决冲突的步骤。当学步儿走开或把玩具还回去时，你可以直接跳到最后一步。例如，你可以对学步儿说："看来，我们已经解决问题了！华金不想玩汽车玩具了，你可以拿着它，阿梅琳。"或者"他好像不知道你想要汽车玩具，现在他把它给你了。"不要为了完成所有步骤而继续实施这些步骤。

大一点的学步儿可能会更多地参与到这个过程中。

与 28 个月大的学步儿一起解决冲突

教师：德斯蒙德，我听你说你想要这个球，但是格里把它拿走了，这让你很生气。我想知道我们能做点什么。

德斯蒙德：我的。

教师：你觉得这个球是你的，但是格里把它拿走了。也许，我们能再找到一个一模一样的球。

德斯蒙德：不要。

教师：好吧，让我们再找一个球，看看格里是否愿意跟你交换。格里，你把球从德斯蒙德手里抢走了，他很不高兴。你能不能把那个球还给他，你来玩这个球？

格里：可以。

教师：看起来，我们已经解决了这个问题。现在，你们俩都有球了，看起来很开心。我想知道，接下来你们会滚球还是踢球呢？

一起回顾冲突

在冲突双方都冷静下来后引导他们解决问题，学步儿往往会学到更多。如果你在学步儿很生气的时候介入其中并支持他们，那么你可能会发现，与他们讲道理是没用的。只有当他们能够调节自己的强烈情绪，并通过拥抱与你重新建立联系后，你们之间才能进行双向交流。你可以在“暴风雨”过后与学步儿一起回顾这个挑战，不过“当事人”可能已经走开了，甚至可能已经忘记了这场社交冲突！

也就是说，即使你因为身在他处而错过了冲突发生的当下，也不会损失什么。当你保持冷静并帮助学步儿冷静下来后，他们就能重新恢复平静，之后你们就可以一起回顾这一令人不快的事件，聊聊发生了什么、他们的感受如何，以及下次再遇到类似的挑战时可以做些什么（Da Ros & Kovach，1998）。

随着时间的推移，这一指导策略将促进学步儿的社交技能发展。因为年龄稍大的学步儿能够理解对与错（Vaish，Carpenter，& Tomasello，2016），所以耐心而持续地指导他们应对社交冲突是非常有效的，起码远比他们小时候有效得多。比如，你可以对一个孩子说：“我看到，当阿利雅把装在小桶里的沙子蛋糕送给你，但是稍后又拎着小桶跑掉时，你真的很不高兴。但是，抓别人是会让人疼的。下次，你可以向老师求助或者用语言表达，也可以在你自己的小桶里制作一个沙子蛋糕。”

与学步儿一起进行的成功游戏是什么样的

许多学步儿还没有准备好持续参与群体游戏，但你可以通过有技巧的指导和建议来帮助他们一起游戏。

支架学步儿的游戏

卡米（30个月）、莉齐（29个月）和卡莎琳（29个月）与她们的老师尼歇尔坐在戏剧游戏区，而这个区域被布置成了医生的办公室。

莉齐给她的手臂缠上一条长长的绷带。“我也想要一个。”卡莎琳皱着眉头说。于是，尼歇尔老师找到了另一条绷带，说：“现在，你也有绷带了。”

卡米拿着听诊器，看着她的老师。尼歇尔老师问卡米和莉齐：“你们感觉好些了吗？”卡米摇摇头。

“我想知道你的心脏是不是正常，”尼歇尔老师对卡米说，“我们要不要用听诊器来听听？”卡米点点头。尼歇尔老师从架子上拿起另一个听诊器，然后戴上它。她听了听卡米的心脏，然后报告说：“我听到了怦、怦、怦的声音。”

卡米笑了笑，戴上了自己的听诊器。她转向卡莎琳，把听诊器的一端放在卡莎琳的胸前，说：“扑通、扑通、扑通。”尼歇尔老师说：“卡米，你在检查卡莎琳是不是痊愈了？”卡莎琳朝卡米笑了笑。

尽管这三个学步儿都对相同的游戏材料感兴趣，但每个人都以自己的方式进行探索。她们的老师通过加入儿童的游戏来鼓励（但不强求）她们进行互动，使用了诸如绷带和听诊器之类有趣的词汇，还示范了如何通过使用听诊器（一种新工具）来带动同伴。她还认可了卡米想与卡莎琳一起玩游戏的想法，并邀请卡莎琳加入游戏。

确保亲社会的游戏环境

让学步儿掌控自己的游戏。当你和大一点的学步儿游戏时，你很容易忘乎所以地主导游戏，而非让他们自己主导。这是因为学步儿会评论、模仿他们觉得有趣的成人，被成人逗笑，并且会遵从成人的指令。但是，你要知道，只有在自己能够主导的游戏中，学步儿才能学到最多。你要积极地回应他们在游戏中发出的信号（例如，对学步儿说：“你想让我坐在这里？想要喂我吃的？”），从而帮助他们获得一些掌控感；而当学步儿在游戏中能够掌控更多时，他们就不太可能在没有选择、必须服从的时候与你发生“权力争夺”了（Karp，2015）。

你的目标是支持学步儿所设想的游戏，尊重他们的游戏主题并适时给出建议。如果学步儿看起来遇到了难题，露出了沮丧情绪，或者另一个学步儿想要加入他的游戏，那么你可以暂时接管游戏，并提出解决困境的方法。例如，“我想知道，他能不能也拥有一块饼干呢？”“看起来你手里的饼干太多了，你想要一个碗吗？”“看样子黑兹尔正在使用所有的饼干。我这里有一些美味的意大利面，你如果想要，可以拿去用。”采用诸如“我想知道……”“看起来……”“看样子……”之类的句式，有助于你加入并推动游戏而非主导游戏。这样做也能够为学步儿示范如何解决问题。

使用幽默感。把幽默和游戏作为支持儿童发展的工具在该阶段至关重要。例如，如果学步儿对彼此说“不”——也许是因为一个学步儿想要加入游戏，而另一个学步儿对此感到不满——那么，你可以采用《精神抖擞歌》（*Shake Your Sillies Out*）的调子反复地唱“不”，然后唱到最后时唱一声“可以”。这是重新引导学步儿再次一起玩游戏的幽默方式。再例如，如果两名学步儿都想站在一个攀爬架上，因为它是一个“消防站”，而且他们都想使用上面连接着的塑料管，那么你可以邀请他们一起来“拯救”你。你可以对他们说：“天啊，着火啦，消防员们！你们能一起使用水管把火浇灭吗？那个水管太大、太沉啦！”当你引导他们为了一个共同的目标而努力合作时，他们会因为拯救你而觉得自己很有力量，同时也转移了他们想要通过独占攀爬架的顶端来寻求力量感的目的。

对儿童的重复行为要有耐心

年龄稍大的学步儿喜欢邀请你加入内容重复的角色扮演游戏，并且给你和愿意玩的同伴分配角色。当你追随他们的游戏兴趣时，你可能希望提供道具来拓展他们的游戏，例如，你可能对他们说：“可以把它们当饼干吗？”但是，你要避免控制游戏情节，例如，对他们提出“给我做饼干吧”这样的要求。你可以询问哪个小宝宝需要饼干，或者询问他们是否还想要牛奶，从而仍然让学步儿掌控游戏。你可能因为无聊而想改变游戏主题或游戏情节（例如，对他们说："这个宝宝得换尿布了"），但是千万不要这样做。学步儿是通过重复来学习的。

知道何时介入和退出

随着学步儿的发展，他们"工具箱"里的"工具"会越来越多。对于年龄稍大的学步儿，你可以在他们游戏时适当退出，让他们在进行自我照料、克服身体挑战以及应对冲突中尝试使用自己的技能。该过程可能缓慢且忙乱，但这么做是非常值得的。伴随着你的支持和他们自身的实践，年龄稍大的学步儿有时即使没有你的帮助，也能找到解决社交、身体和自我照料问题的方法。

如果他们无法独立解决问题，尤其是当游戏中的社交冲突加剧时，你就要准备好介入，帮助每个孩子理解他人的需求和想法，和孩子们待在一起直到他们找到解决方法，并确保冲突双方都接受该方法。和小的时候相比，年龄稍大的学步儿可能很快就会想到解决问题的方法，而你只需要帮助他们保持冷静并倾听彼此的想法，也许还需要在后续过程中提供材料。

开始使用与计划有关的语言

为年龄稍大的学步儿引入与计划有关的语言。例如，你可以问一个学步儿："你吃完点心后准备玩什么呀？……哦，你要玩沙箱里的漏斗吗？"在游戏结束时，再问一问他："你后来玩漏斗了吗？"计划想要做什么—实际去做—回顾做了什么，这一过程有助于学步儿发现他们的经历所蕴含的意义，并让他们更有目的地选择自己要做的事。这一过程还能强化学步儿的多种认知技能，进而帮助他们越来越独立地工作和游戏。

引入由成人主导的活动

除了为学步儿提供许多开放式游戏外，你可能还希望添加一些由成人主导的活动。大多数年龄稍大的学步儿可以参加短时的集体音乐活动和身体活动，例如，使用简单的节奏乐器一起运动和跳舞，等等。你还可以邀请他们参与简单的烹饪活动，帮助你种植和收割蔬菜，以及喂养班级中的宠物。

你可能发现，学步儿喜欢在游戏时间重温这些由成人示范的活动。为学步儿提供时间和材料，让他们能够：

> 在法兰绒板上再次表演你在集体活动中使用的儿歌和故事；
> 复述情节简单的木偶故事；
> 重温食物准备活动，比如，在戏剧游戏区制作果汁；
> 在户外时，继续开展诸如浇水之类的园艺活动。

促进学步儿共同游戏

随着学步儿能越来越多地在一起游戏，你可以成为他们游戏的促进者。当你注意到他们能够制定一个共同的目标并开展想象性游戏时，你要倾听他们并寻找机会邀请他们共同游戏。例如，如果一名学步儿说“我正在搭建一列火车”，那么你可以搬来更多的椅子，并邀请其他孩子作为“乘客”，从而增加和拓展游戏内容。你还可以提供行李、车票、帽子等道具。在游戏的过程中，你要帮助他们协商解决冲突，例如，由谁来开火车，或者蜘蛛侠能不能坐火车。

在这个年龄段，你的支持可以帮助他们实现大多数假装游戏或象征性游戏。你要留意他们发出的游戏信号并加以扩展，例如，如果学步儿正在假装按收银机上的按钮或者假装吃塑料食物，那么你可以说：“哦，你可以把这根香蕉卖给我吗？”或者“这次野餐的食物可真美味呀！”通过这种方式，你不仅能邀请学步儿尝试新的想法，还能扩展他们的词汇量。

当你发现学步儿躲藏起来时，你可以邀请其他学步儿一起四处寻找他，然后生动地示范如何遮住脸数数。你的自言自语能够指导学步儿了解这一规则性游戏的节奏和模式，例如，你可以说：“让我看看这里，阿玛德在桌子下面吗？不在……”这会吸引孩子们投入游戏，增强他们专心参与活动的能力。在这类游戏中，你的支持将有助于拓展他们的思维和创造力。

混龄班级

如果你的班上既有婴儿又有学步儿，那么你可以考虑将他们聚集到一起成为混龄小组——以 9 个月为年龄跨度——而不是根据相近的年龄来分组。混龄小组为孩子们进行美好且敏感的互动提供了机会。以下技巧和策略将有助于你设计班级环境，以及支持不同年龄儿童之间的互动。

创设适宜的教室环境。提供适宜的空间，让还不能独立移动的婴儿能够安全地坐着，让学步儿无须避让婴儿就能自由地活动。

设立清晰、简短、积极的限制。班级规则要简单且控制在 3 条以内。你可以选择这些规则：

- 我们要温柔地对待彼此；
- 我们要注意安全；
- 我们要温柔地玩玩具。

当孩子们互相伤害、做出不安全的行为或破坏玩具时，你要告诉他们应当怎么做。示范或指导他们做出替代性行为，例如，“吃东西的时候要坐下吃”“我可以帮助你。”

提供发展适宜性挑战。给还不能独立移动的婴儿提供“宝物篮”或者在他们附近的毯子上摆放一些玩具。为学步儿设计一些兴趣区，并且兴趣区里的材料和活动要能随着时间的推移而轮换，同时要能随着学步儿掌握的新技能而变得更复杂。

支持儿童的游戏和互动。小组中年龄稍大的学步儿通常是游戏的领导者，他们能够进行想象性游戏并描述自己的想法，而这些通常来自他们喜欢的绘本。你可以增加一些年幼的婴儿喜欢的、可以用来开展更基本的象征性游戏（如换尿布、喂奶、做饭等）的道具。当年龄稍大的学步儿进行角色扮演游戏时，年幼的婴儿也会经常加入进来。因为和年龄稍大的学步儿一起制作“魔法药水”“坐飞机”或“捕猎鲨鱼”实在是让人兴奋，所以小组中的大多数儿童都会加入进来！

年龄稍大的学步儿往往会继续把年幼的婴儿当作他们的“小宝宝”，并且可能把他们排除在游戏之外。以下是解决这个问题的一些方法：

- 鼓励并支持年幼的婴儿和年龄稍大的学步儿共同游戏，但不要盲目坚持；
- 尊重年龄稍大的学步儿想玩他们自己的游戏或与更年幼的儿童一起玩游戏的意愿。

下面，让我们看看这位教师是如何同时支持年龄稍大的学步儿和年幼的学步儿的。

协商不同年龄段学步儿的游戏

埃莉萨（34个月）转向银珠（26个月），后者正跟着她走进院子里的游戏屋。“你不能在这里玩，”她说，“只有我和霍莉可以在这里玩，这里是我们为女巫制作药水的地方。”银珠皱起了眉头。她什么都没说，也没有动。

老师对银珠说：“看样子埃莉萨和霍莉正在制作药水。我想，她们正在使用这里的瓶子和沙子。”然后，她问埃莉萨和霍莉：“我想知道，能不能让银珠扮演女巫，或者帮你们拿制作药水所需要的材料呢？”

在这个年龄段，小组游戏是很不稳定的，而再加入第三个游戏技巧欠缺的孩子，就可能会导致游戏进行不下去。因此，教师采取了“支架式”引导，她以非强迫的方式鼓励大一点的学步儿接纳银珠，并且提出了一个银珠能够参与游戏的建议。通过该建议，教师既将控制权交给了埃莉萨，又尊重了银珠想要加入游戏的意愿。如果埃莉萨接受了该建议，那么教师将会待在附近，确保银珠明白不要倒掉药水，那样会破坏游戏。如果埃莉萨不接受该建议，那么教师可能会提议和银珠在附近以类似的方式制作药水，让银珠在不影响埃莉萨和霍莉游戏的同时，仍然能参与到相同主题的游戏中。

类似的技巧也可以用在认知、社交、情绪或身体能力处于不同发展阶段的孩子身上。

总的来说，混龄班级中应当包括一些固定的兴趣区，并提供所有儿童都能够安全使用的物品和符合每一个儿童发展水平的挑战。运动区、安静区，以及能够让孩子们或单独、或平行、或小组进行室内外游戏的机会，都是优质的游戏空间的重要元素。

强化学步儿对社会角色的选择

学步儿会从你身上学到许多关于社会角色的内容。当你通过积极的互动和认可让学步儿觉得自己是一个强大的消防员或者一名温柔的父亲时，你就是在传递一种信息，即大人们会扮演很多角色，孩子们可以尝试扮演任何让他们感到舒服自在的角色。

支持一名 20 个月大的“女消防员”

戴蒙德（20 个月）喜欢做一名“消防员”。她头上戴着一顶黄色的塑料帽子，坐在一辆塑料消防车上，边向前骑边发出“哇—呜—哇—呜”声。“戴蒙德，我看到你正要去救火，”她的老师德文说，“你需要水管吗？”“需要。”德蒙德大声回答。

虽然我们很容易鼓励女孩在娃娃家摆弄布娃娃，或者引导男孩驾驶消防车去救火，但是德文老师致力于为所有的孩子提供道具，并鼓励他们尝试各种社会角色。例如，在提及消防员这一角色时，她使用了 firefighter 一词而非 fireman，并鼓励戴蒙德探索她自己所选择的活动，而不是试图把她引向刻板印象中适合女孩的活动。

利用真实生活拓展学步儿的兴趣

随着年龄稍大的学步儿能够遵循两步指令，你可以提供机会，帮助他们将游戏与现实生活联系起来。例如，如果你观察到学步儿正在戏剧游戏区假装制作柠檬水或意大利面，那么你可以让他们有机会真实地体验这些活动。学步儿能够完成许多任务，包括弄碎和搅拌意大利面、挤压水果以及倒水等，这些延伸的游戏充分利用学步儿的兴趣培养了他们的自理能力和精细动作能力。

一些简单的实地考察活动是拓展这些有趣的话题的另一种方式。以下是一些将真实生活与学步儿的游戏相结合的案例。

拓展学步儿的兴趣

佳美子、拉德丽、摩西和伊娃（均为30—32个月）都对小马桶很感兴趣，他们喜欢模仿如厕训练的步骤，尽管他们各自处于训练的不同阶段，甚至有人已经完全学会如厕了。由于无法让孩子们在这个照料区玩太长时间，因此教师们在班级的某一区域添置了塑料小椅子，并用卡纸剪出月牙形的图案，将它贴在小马桶上当坐垫。此外，教师们还添置了两个配有香皂的水池，把游戏屋的门帘拿来保护隐私，并提供了新的内裤、卫生纸、尿布以及和如厕有关的绘本。这个区域一下子变得热闹起来，学步儿们纷纷想要亲自试一试这些小马桶，或者把布娃娃放在小马桶上。通过这个游戏，学步儿可以表达对真实马桶的理解与焦虑，并在不用真正如厕的情况下，掌握使用小马桶的关键步骤。这些学步儿正处于把想象的事情（比如，被马桶冲走）当真并为此感到害怕的年龄段，因此对他们来说，这一游戏非常重要。

阿蒂克斯（32 个月）和奥利维亚（33 个月）对事物的移动方式很感兴趣，例如，球怎么滚下斜坡，球被扔出去的时候怎么往下落，玩具从架子上被碰下来或者从攀爬架上掉下来的时候会发生什么，等等。他们还喜欢在室内或户外玩水。他们的老师利用泳池浮条[1]、竹子、石头和沙子制作了一个水上景观。水会通过两根软管流过泳池浮条，然后流入一条两边是石头的“沙子河”。孩子们可以通过调整水流的路径来改变水池的流量和大小，还可以阻挡水的流动。这两个学步儿和班上的其他孩子花了好几个小时来研究水的运动和其中的材料。教师紧紧追随着他们，并在他们尝试和完善自己的想法时提出问题——“我想知道……”，以激发他们进行思考。

阿比纳夫（30 个月）对卡车充满热情。他能说出在来幼儿园的路上经过的建筑工地中所有卡车的名字，还喜欢在积木区里开着黄色的塑料挖掘机玩耍。伊莫金（30 个月）和佐伊（30 个月）同样对建筑工地很感兴趣。他们的老师胡安把他们带到附近的建筑工地，并把童车停放在建筑工地的围栏外面，这样孩子们就能够观察卡车是如何进行重型机械作业的。当孩子们回到教室后，教师在积木区添置了树叶和树皮作为“土堆”，让他们可以用塑料卡车来运输“土堆”，就像他们在实地考察中看到的那样。

为学步儿提供富有吸引力的环境：进行更复杂的探索和互动

你的教室环境应当既能邀请学步儿四处移动和玩假装游戏，又能鼓励他们探索他们感兴趣的概念和想法，例如，他们的身体能做什么、事

[1] Pool Nooodles，由彩色塑料泡沫制作而成的空心管，在游泳池里会用到，可以作为水中漂浮、学游泳或救援的工具。——译者注

物是如何运转的、一个东西从不同的角度看是什么样的、事物是如何被安装到一起的，以及事物在不同的使用方式下是如何变化的，等等。这些活动培养了他们的坚持性，提升了他们的专注力，让他们可以花更长时间参与一项活动。

确保为学步儿提供相同的物品，并创造机会让他们在游戏中进行互动。例如，在教室里悬挂一个结实的帘子，从而邀请两个学步儿躲在帘子后边和你玩躲猫猫游戏（使用前，先试着拉一下帘子，确保即使孩子们用力拉，它也不会落在他们身上，同时确保上面没有可能会缠绕住孩子的绳子）。

为 16—24 个月的学步儿设计游戏空间

如果你班上孩子的年龄为 16—24 个月，那么你可以参考以下内容设计游戏区。

大肌肉运动和音乐区。你可以将音乐和运动结合起来，因为学步儿（成人也一样）需要空间来跳舞和表演。如果这个区域安装有攀爬设施，那么要确保让乐器远离攀爬设施的下落区。

你还可以提供能够用于进行适度冒险活动的空间和材料，例如，从垫子上跳到地面上。

其他建议如下。

> 将两组低矮的台阶背对着组合成一个简单的攀爬设施。要想增加挑战性，可以在两组台阶中间放置一些物品或者添加一个隧道、一个滑梯或一些大型积木。

> 提供不同大小的球：小号的球用来投掷（搭配大的容器作为投掷的目标）；中号的球用来滚动；大号的球用来搬运、推动或者坐在上面（尺寸为足球、沙滩球或瑜伽球大小）。

> 提供推拉式玩具：这些玩具不应该是学步车。学步儿应当通过爬或走来独立使用它们，而不应被放在上面。留意刚开始走路的学步儿，确保带轮子的大型推拉式玩具在受力时不会移动得太快。如果这些玩具在学步儿的脚下滚动，那么你需要把它们替换成低

矮的椅子或大型积木，让学步儿推着玩。提供具有游戏功能的推拉式玩具，例如，购物车不仅可以用来推着玩，还能用来装东西！要注意购置那些即使学步儿用力推把手，也不会翻倒的小推车。

> 购买不同尺寸、重量、声音或颜色的拨浪鼓，或者用空水瓶（把瓶盖粘住并缠上胶带）或储存食物的容器自制拨浪鼓。给学步儿增添独特的惊喜，比如，摇晃时会动的闪粉、气泡，或者把一个瓢虫样子的小珠子放进去。

> 添置小鼓、钢琴、木琴、节奏棒、马林巴琴、雨声棒、铃鼓或者六角手风琴，并且偶尔轮换使用，以重新调动学步儿的兴趣。

在这个区域，要确保无法移动的婴儿不会被这些推拉式玩具轧到！

安静区。该区域要远离其他区域，把它安置在一个角落或阁楼上是一个好主意。如果学步儿想念家人，那么这里将成为一个让他们感到温馨、熟悉、平静的地方，可以帮助他们重整旗鼓。你可以考虑提供以下材料：

> 纸板书、绘本、写实类的图书；

> 鼓励学步儿开展对话的无字书；

> 韵律柔和、让儿童有家一般温馨感觉的图书，如《晚安，月亮》[1]；
> 能够反映学步儿的语言、家庭、社区和经验的图书；
> 关于学步儿自己、家人及其日常生活的自制书；
> 舒服的枕头和毛绒动物玩具；
> 低矮的书架。

阅读以下内容，了解在教室各处使用图书的方式。

图书只适合安静区吗？当然不！

你的教室里应该到处都有书，并且要和兴趣区联系起来，这样你就可以和学步儿更好地学习让他们感到好奇的话题。

- 戏剧游戏区：提供关于不同家庭的图书，这样你就能和学步儿一起谈论家庭常规（比如，不同的人是怎样吃饭和睡觉的）和家庭活动（比如，去公园或动物园）。同时，帮助他们了解人们虽然处事方式不同，但是都有相同的需求和目标。传达这样的信息对于你的班集体建构非常有意义。
- 认知区：投放与颜色、形状、大小有关的图书，让学步儿能够了解该区域中物体的名称以及玩具的形状。
- 自然和科学区：投放与大自然中各种不同事物有关的图书，以便学步儿可以了解它们来自哪里（比如，贝壳来自沙滩，树枝来自大树）。
- 音乐区：提供书中文字可以唱出来的图书，以便学步儿有时能跟着节拍或者乐器一起唱或者做动作。
- 积木区：投放与交通工具以及建筑物有关的图书，以便学步儿可以了解建筑物和建构工具是与真实生活相联系的。

[1] 中文简体版由北京联合出版公司于 2014 年 7 月出版。——译者注

积木及配件区。许多年幼的学步儿还无法将注意力集中到堆叠积木上。随着学步儿对自制的积木越来越感兴趣，我们将兴奋地看到，他们会把在积木区获得的认知发现和物理发现带到其他区域或活动中。这表明他们开始进行功能性游戏，意味着他们在游戏时头脑中会有一个想法，比如要堆叠什么样的积木。为了支持他们建构游戏的萌芽，你可以提供以下材料：

> 大型积木，适合进行堆叠和推倒游戏；
> 小型积木，例如，用树枝做成的树形积木，单元积木，以及用来进行小规模堆叠或作为道具被装到塑料卡车里、喂给塑料恐龙的正方体塑料积木；
> 不定期更换的其他积木，如硬纸板积木、布质积木、塑料积木、自制积木、木质积木等；
> 玩具车、塑料动物和玩偶、布块、管道、斜坡等积木配件，这类材料往往比积木本身还要受欢迎；

> 中间透明的积木，用来玩躲猫猫游戏，你可以购买这类积木，也可以利用纸箱和透明薄膜制作；
> 玩具锤和玩具钉。

艺术和感官区。学步儿不断增强的表达能力意味着他们可以把自己的游戏选择告诉你。如果艺术和感官区设有架子，那么你可以提供诸如胶带、面团、蜡笔、剪刀、小贴纸、纸张之类的材料。你还可以问问学步儿想把哪些材料放到桌子上，并邀请他们来帮忙布置活动。以下艺术和感官材料很适合学步儿。

> 鼓励学步儿探索因果关系的工具，例如，小而粗的剃须刷（便于学步儿的小手抓握），可以用来在厚纸上涂抹颜料。
> 迷你记号笔：可清洗且尺寸适合学步儿的小手抓握。你可以在笔上绑一根线，既能把它留在艺术和感官区，又能防止学步儿吞咽，同时记得要把笔帽去掉。
> 大号蜡笔：可以把蜡笔碎片熔化，做成更大的蜡笔。
> 大号粉笔：开窗通风，并及时用吸尘器清理产生的粉尘。
> 不太脏乱的材料，如蜡笔、粉笔等，既可以供学步儿在墙面或画架上长期作画，又可以供他们在桌子或者地面上进行临时探索。
> 为不喜欢玩脏乱游戏的学步儿准备婴儿湿巾，用来擦拭手上的颜料。这些湿巾还能用来防止学步儿在去照料区（如果单独设有这一区角）洗手时，将颜料涂抹到其他地方。

认知区。布置该区域，以邀请学步儿探索关键的概念。

> 问题解决和记忆：提供的玩具要涉及计划或方案的制订，例如，把大号的珠子串到毛根上，做成项链的样子。
> 体积与手眼协调：
- 得宝积木——提供数量充足的积木，以便几个学步儿可以一起搭建。要想把积木拼起来，学步儿需要理解积木底部的圆孔大小与顶部凸起之间的关系，以及通过按压把它们合在一起。

- 小钉板可以激发学步儿把一个钉子插到另一个钉子的圆孔里，并依次往高处堆叠。
- 套杯或者一个能嵌入另一个的圆筒也能够让学步儿探索这些概念。

> 大小和形状，以及将事物匹配到一起：提供更为复杂的形状分类盒。你可以购买，也可以自制一个形状分类盒，即在硬纸箱上裁剪出与你所拥有的玩具相匹配的洞口或者需要发挥问题解决能力才能使用的洞口，然后在硬纸箱上覆盖一层透明胶带（洞口除外），以便擦拭。

> 大小和匹配：提供带有小孔的硬纸箱以及正好能通过小孔的小球，同时搭配建构玩具中的小锤子。学步儿可以使用工具敲击小球，让它通过小孔落到箱子里。

在使用这些玩具时，学步儿必须留意它们在哪里，之后再次找到它们来重复玩游戏。你可以利用现场解说的方式来帮助他们专注于这一游戏过程。

自然和科学区。来自大自然的物品极具探索和发现的价值。当户外活动有限时，把这些物品带到室内特别有益处。根据大自然的变化来更换以下物品吧！

> 植物、羊毛或葫芦；
> 用来摆弄、分类和倾倒的贝壳；
> 鱼缸或昆虫盒，以及养在里面的鱼、蚕、蟋蟀、蜗牛、甲虫等。

年幼的学步儿喜欢观察和评论昆虫以及其他无脊椎动物。轻轻地触摸昆虫，向他们示范对生物的尊重、关怀和同情心。他们也可以学着帮忙喂鱼，从中习得责任感。

戏剧游戏区。该区域的材料所引发的游戏方式与婴儿时有很大的不同。例如，处于这个年龄段的学步儿明白火车可以连在一起，并且是沿着轨道行驶的。他们甚至会一边发出“呜呜”声，一边推着火车前进。你可以提供与学步儿的家庭生活、社区以及兴趣有关的材料。

> 与做家务及其他日常活动（如买东西、看医生、开汽车等）有关的材料；
> 各种各样的布娃娃、小床、高脚椅、布娃娃的尿布、婴儿车、塑料食物，以及装扮成爸爸、妈妈或其他成人所需要的各种各样的帽子和衣服；
> 自制或购买的玩偶，用于装扮或携带玩偶的布，以及碗和勺子；
> 玩具收银机和购物车；
> 来自大自然的材料，如树桩或无毒的树枝（这些有助于创设野餐的场景，就像铺在地上的格子布一样）；
> 上面有门且两侧画有圆圈、可以被当作火车或汽车的纸箱；
> 能引发学步儿假装把蛋糕放进烤箱里烘焙、把奶牛牵到棚子里喂食、开卡车或是在木质轨道上驾驶火车的道具。

经济划算地获取材料

学步儿班级中的许多材料，你都可以自制或者从二手商店购买。在预算有限的情况下，另一种方式是寻求当地商家的捐赠。例如，幼儿园附近的比萨店可以捐赠与你用硬纸板剪裁的比萨大小相匹配的比萨盒。然后，你可以将白色的成人 T 恤纵向剪成两半，做成两条围裙。再搭配已有的扁平餐具，以及一些无色的面团和擀面杖，你就可以邀请学步儿自己开比萨店了。你甚至可以带领学步儿前往附近的比萨店，看看比萨的制作过程并试吃一下。

户外游戏区。学步儿应当接触户外区域。理想的情况下，他们一天中应该有 1/3 的时间在户外度过。在空间和气候受限的情况下，你可以在户外布置一些类似于室内的兴趣区，只是材料会少一些。学步儿不需要昂贵的材料，富有创造力的老师足矣！

你可以寻找并提供以下材料：

- 幼儿园院子里的自然元素，如落叶、潮湿的沙子、泥土、鲜花、贝壳、石头等；
- 感官材料，如鸟食、沙子、水、土壤等；
- 专门的画架和艺术材料，或户外用的粗粉笔；
- 可以用来玩躲猫猫的游戏屋，你可以购置一个，也可以用电冰箱的包装盒自制一个（尽管不能防雨），因为学步儿的主要活动是通过门窗来玩躲猫猫游戏，所以要在包装盒上多裁剪出几扇门窗，以避免发生冲突；
- 音乐玩具或乐器，如节奏棒、拨浪鼓、当作小鼓的盆、钹等；
- 沙箱，并在里面投放铲子、水桶、磨子和筛子，同时要轮换提供额外的道具来鼓励学步儿开展角色扮演游戏，如松饼盒、锅、汤匙、刮刀、小炉子、小桌子、翻斗车、水泥车等；

> 攀爬架、低矮的滑梯、隧道、低矮的斜坡以及小木马；
> 足球。

当学步儿掌握了不同的运动方式并寻求新的身体活动挑战时，你可以将小的材料替换成使用方式更为复杂的材料。

为 24—30 个月的学步儿设计游戏空间

与面向年幼的学步儿一样，你也要为年龄稍大的学步儿精心地设计教室空间，需要将教室划分为不同的兴趣区且兴趣区的位置不变、可预测，并在里面投放一些相同的、适宜儿童发展的玩具。不同之处在于，你要为这些语言和其他能力正在不断提高的学步儿提供更多的挑战和机会，让他们使用各种开放性材料去探索和试验。

学步儿总是喜欢“研究”事物！例如，一个学步儿可能会盯着地上的面包屑（进行观察），然后把它放到嘴里，看看它是不是吃的东西

（通过试验来测试自己对材料的想法）。如果他发现面包屑很难吃（分析），那么他可能会把它吐出来甚至拿给你（分享自己的结论）。当然，在下一次看到面包屑时，他可能还会用同样的方式测试，只是结果可能有所不同！

因此，在布置兴趣区和材料时，你要能点燃学步儿的好奇心，引发他们进行奇思妙想。例如，“我能用这个小鼓和那个节奏棒做什么？”“这个粘在我手上的东西是什么？如果我去摸罗伯特，它会粘到他身上吗？”同时，要鼓励学步儿通过试验找到问题的答案。你要仔细地观察学步儿，了解他们对什么感兴趣，然后设计有助于拓展他们的探索和认识的活动及材料。

有意识地为学步儿的探索活动提供支持，将有助于他们理解事物，并且鼓励他们将已有知识与正在观察和发现的事物联系起来。你可以运用本书所讨论过的策略，比如，解说学步儿当前的活动，拓展他们所说的话，等等，从而帮助学步儿从简单的观察上升到对事物特征和使用方式的深入了解。

为了支持学步儿进行探索和发现，你可以参考以下内容布置和更换班级中的兴趣区。

大肌肉运动区。由于学步儿对运动和提高运动能力有着与生俱来的需要，因此该区域至关重要（Carlson，2011）。如果你不能为他们提供发展大肌肉运动技能的安全空间和机会，那么学步儿就会寻找其他方式来满足自己的需求，比如，绕圈跑、撞击物体或爬到书架上。如果你的教室中不具备提供大肌肉运动活动的条件，但可以很方便地使用幼儿园的院子，那么你可以考虑让学步儿能够同时使用这两种空间，以便他们在有需要时能选择户外区域。反之，如果你没有适合学步儿的户外空间，那么室内的大肌肉运动区就必不可少了。

在准备大肌肉运动区的材料和设施时，你要像布置其他区域一样具有目的性。你是如何看待学步儿使用他们自己的身体的？合理地布置空间，让学步儿像在教室里的其他区域一样自由地设计任务、探索概念和发挥创造力，例如，提供一些可移动的材料，如大型泡沫积木、皮球、枕头、沙包等。开放式的设计会非常吸引学步儿。

这个阶段的学步儿探索的主要运动技能包括：双脚交替走、跳跃、保持平衡以及攀爬。如果你能提供一组连接着垫子的小台阶，那么学步儿可以交替双脚登上去，然后跳下来。在垫子上或垫子旁边，你还可以准备其他形状的大型泡沫（表面铺有防水布），这样学步儿就能自己设计挑战性任务了，例如，在比木质台阶柔软的泡沫上保持平衡。你将会发现，学步儿很擅长想出新点子，而且对自己相当了解；他们很少会设计自己驾驭不了的任务。

婴幼儿的教室里往往不鼓励这种身体游戏，但是这种游戏是极为重要的。你需要待在近处，留意并解说是谁在跳、什么时候跳，以防孩子们彼此撞倒。从他们脸上的笑容中，你可以看出，这种游戏值得你付出努力。

安静区。在该区域摆放一些材料，以引发学步儿讲述自己的故事，鼓励他们创造性地解决问题。这有助于学步儿把故事与自己的生活联系起来，同时，帮助他们通过游戏来表达自己的情绪和想法。这种布置还将促进学步儿大量地使用语言：

> 自制材料，例如，把塑封好的表情图片粘在手工棒上，以便开启一个木偶游戏；
> 毛毡道具和毛毡板，供学步儿再现圆圈活动和设计故事；
> 写字台，供学步儿模仿签到和写字；
> 裁剪并塑封好的家庭成员照片，既可以用来邀请学步儿讲述有关家庭的故事，又能被拿到其他区域来促进他们的游戏。

积木区。年龄稍大的学步儿喜欢堆叠积木和搭建城墙、塔楼、道路。当他们这样做时，他们也在学习空间推理和空间语言（Cohen & Emmons，2017）。增加积木的数量，确保很多学步儿可以同时使用它们，而且是各玩各的而非一起使用。当你看到学步儿萌生出新的想法时，要根据他们的兴趣设计该区域。例如，如果学步儿喜欢搭建道路，那么你可以提供玩具汽车、玩具卡车、交通标志牌、人物玩偶和树木等来促进他们的活动。可回收材料，如气泡膜、砂纸等，则可以用作道路的元素。

你还可以投放一些能反映儿童的家庭和社区生活的材料。例如，把娃娃家里的家具放在积木附近，以邀请学步儿表征他们的家。他们还可以用零碎的布料铺床，并聊聊自己睡觉的地方；装饰餐桌，聊聊自己是怎么吃饭的；把布娃娃包起来，讲一讲自己是怎么穿衣服的。

如果学步儿身处乡村，那么你可以把拖拉机的图片塑封好，并用长尾夹把它立起来。如果学步儿身处城市，那么你可以制作霓虹灯的标志并用胶带把它们粘在高高的“摩天大楼”（由积木搭建而成）上。你也可以不做这些，而是邀请学步儿和你一起探索如何解决问题，例如，把胶带放在积木大楼和霓虹灯的标志附近，启发他们把标志粘起来。

在积木区附近储存一些备用积木，当许多学步儿同时摩拳擦掌想要搭建道路时，你就能够很快地拿出更多的积木了。这样做比一直提供太多的积木要有效，后者会导致积木区变得杂乱不堪，也会引发学步儿的倾倒行为。

你会看到学步儿使用积木进行搭建和创造，把积木当作戏剧游戏的道具，以及利用积木研究数学和科学概念，比如，比较和平衡。每个班级和每个学步儿都是不同的，因此你要根据他们的需求调整该区域。观看一群孩子会用积木做什么，就像是一场激动人心的冒险！

艺术和感官区。你可以在艺术和感官桌上提供许多开放式活动和开放性材料。以下活动和材料可供参考：

- 感官游戏：沙子、里面埋藏着物体的盆栽土壤、水、冰块、气泡膜；
- 画画、雕塑及其他艺术创作活动：天然的泥土和各种颜料；
- 有意义的对话：各种颜色的颜料或纸张；
- 手眼协调活动：剪刀、小贴纸、胶带、塑料玩具蛋、挤压式胶水瓶（要注意，学步儿会把胶水瓶里的胶水都挤出来，然后用手指涂画）；
- 将科学与艺术结合起来：让小球在涂有颜料的盒子里滚动，在蔬菜脱水器里旋转颜料。

该区域是学步儿锻炼问题解决能力的一个好地方。挑选一些材料，如短而粗的铅笔、蜡笔、纸张、面团等，并将其放在低矮的架子上。这样一来，学步儿就可以表达自己，研究不同材料的特性，以及进行有意思的挑战。

你如何决定把什么材料放在艺术桌上或感官箱里呢？首先，看看学步儿正在做什么，然后提供开放性且吸引人的道具和材料，促使他们进一步探索自己的兴趣和想法。之后，你要继续通过观察来决定为他们提供哪些材料和活动，以及向他们提出哪些问题。

例如，当你注意到学步儿用手指在洒落一地的沙子上画着玩时，你可以在托盘上倒入一层薄薄的沙子并搭配涂抹棒，让他们在上面画线。当你观察到学步儿把叠叠杯拿到该区域并用来装沙子时，你可以在沙水箱中装入沙子和不同大小的杯子。同时，你可以评论孩子们正在做的事情，并使用比较性语言鼓励他们发展数学思维。例如，你可以说："看样子你装满了一个小杯子和一个大杯子。我想知道，你是不是在堆一个更大的沙堆？"

当你发现学步儿想要往沙子里加水，以便沙子能固定成城堡的形状时，你可以引入水并逐步停止使用普通沙子，转而引入磁力沙来拓展学步儿探索有黏性的沙子。

如果学步儿注意到磁力沙是黑色的，那么你可以在接下来的一周逐步换掉磁力沙并引入彩色的沙子。这样一来，你不仅可以解说他们正在混合不同颜色的沙子，还可以将吸附在磁棒上的磁力沙与无法吸附在磁棒上的彩沙进行比较，并与学步儿一起思考其背后的原因。

当学步儿进行探究时，尤其是当他们进行艺术和科学探究时，注意不要插手太多。这个年龄段的儿童更注重探究过程，而非结果；他们也刚开始理解事情发生的原因。因此，对他们来说，滚动或旋转的过程比理解为什么会滚动或旋转要重要，也比以获得最终成果为目的的创作要重要。

认知/数学/科学/自然区。在这一区域，你需要重点关注与学步儿的行为以及他们正在使用的认知策略有关的几个主题，如拆开、分类、联系、匹配、寻找模式、解决问题和使用逻辑等。

不要一次探索所有主题，但要争取在一年内涉及每个主题。你可以在一个主题上停留数周，也可以在一年中回顾这些主题。为了吸引不同的儿童和迎合他们的个人兴趣，一次涉及几个主题也是可以的。此外，你还可以使用同一材料吸引儿童探索几个主题，例如，拼图可以引发儿童进行配对活动、解决问题和建立空间意识。

你需要牢记数学和科学的关键概念，并提供适合不同发展水平儿童的材料。例如，提供基本的只有 3 个拼块的拼图和更为复杂的含有 9 个拼块的拼图，这意味着具有不同精细动作技能的儿童都可以在其所处水平上练习手眼协调能力。

为了拓展拼图的概念，你可以发起一个有关形状或体积的挑战，比如，落球箱游戏。为了激发学步儿进行探索和利用材料解决问题，你可以有意识地提供一些尺寸不合适的球和尺寸合适的物品，这样一来有些材料能够通过落球箱上的小孔，有些材料则不能。如果在落球箱附近摆放一些分类好的物品，如贝壳、石头、种子、水果、塑料昆虫等，那么学步儿很有可能自发进行探究。例如，他们可能把自然材料放入落球箱中，探索新材料的形状以及如何将材料放入不同的空间。

想一想你如何在这个区域展示材料，以鼓励学步儿进行特定类型的探索。你可以把材料分类摆放，例如，自然材料（松果）、儿童在家里使用的材料（手镯）、塑料小熊以及可以收纳它们的东西（盘子、松饼盒、篮子、蛋托等）。将自然材料放在落球箱附近，能够吸引儿童尝试将它们放入落球箱内；将篮子或干净的蛋托放在自然材料旁边，则能够吸引儿童进行分组和计数。

提供一些工具，如放大镜，以邀请学步儿研究自然收藏品和班级宠物（如青蛙）。提供科学玩具，如磁铁（注意过小的磁铁可能会引起窒息）。此外，你还可以提供大件金属物品。你的目标是吸引学步儿注意到这些东西，让他们对因果关系产生兴趣，并开始想要和你一起了解事物背后的原因（Schulz & Bonawitz，2007）。例如，为什么有些东西会粘在磁铁上，有些则不会？你不需要成为专家，也不需要给出答案，只需要邀请学步儿思考发生的很多趣事！

当学步儿开始采用更复杂的方式思考时，你需要考虑的就不仅仅是因果关系了。你可以运用解说的方式，让多个数学概念在认知区和教室里的其他地方以及一日常规中有所显现（Greenberg，2012）。例如，格林伯格建议，在与婴幼儿进行数学谈话时，应重点关注这些方面：数量和运算；形状和空间关系；测量；模式、关系和变化；收集和组织信息。你可以采用以下方法，在游戏和一日常规中吸引儿童注意这些概念。

> **数量**：“我有3块饼干，你也有3块饼干！咱们每人吃1块，现在咱们各有2块饼干！你还想要更多的饼干吗？”
> **测量**：“你今天睡了很久！”“这个南瓜真重！”
> **模式**：“你穿了条纹衣服！红色、蓝色、红色、蓝色！”“让我们一起跟着歌曲的节拍打鼓吧！”
> **变化**：“我觉得园子里的甜菜长大了！”“你的纸尿裤之前湿了，现在这个是干的！”
> **收集和组织信息（如分类）**：“你把所有的项链都戴在脖子上，把所有的手镯都戴在手腕上！”“你把布娃娃和奶瓶放在了一起。”

寻找对学步儿说数学语言的机会，并使用符合他们发展水平的材料和问题。你可以为自然区提供五颜六色的贝壳，而且有的凹凸不平，有的光滑，有的大，有的小。这些贝壳能够吸引学步儿观察它们的特征，而通过解说，你可以引导他们使用语言来谈论这些贝壳的相似和不同之处。你还可以在贝壳的旁边放置容器，吸引学步儿进行分组和分类。

如果学步儿尝试将贝壳和球都扔到落球箱里，那么你可以谈一谈它们发生的变化，例如，“贝壳之前是向上的，但是它们现在是向下的！”你还可以帮助他们发现规律，例如，“我看到球的大小很合适，但是贝壳并不那么容易放进去。有时，你必须把它们翻过来。我想知道，这是为什么。”

音乐区。在这一区域继续提供多种数量相同的材料，以便学步儿可以同时玩耍并互相模仿和学习。例如，提供 3 个相同的小鼓，并且每个小鼓上都连接着两个鼓槌。你可以给这个区域增加一点挑战，以吸引学步儿解决问题。例如，提供一些没有鼓槌的小鼓，并在附近放上一些节奏棒。你还可以提供其他物品，如平底锅，鼓励学步儿倾听和制造各种各样的声音。

把数学也融入你的音乐区吧。你可以邀请学步儿使用小鼓、沙锤等乐器来探索节奏，以及使用玩具钢琴探索音高的差异。当你和学步儿一起在音乐区活动时，你可以向他们示范模式，例如，“我要摇摆、摇摆、摇摆，摇摆、摇摆、摇摆，摇摆、摇摆、摇摆。”你也可以跟学步儿聊聊他们正在做的事情，例如，“你把音调弹得很高，然后又弹得很低，最后一个音符不高也不低。”

学步儿还会通过舞蹈和运动在这个区域进行游戏。向他们示范快乐的舞步，并邀请他们使用围巾、沙锤和其他乐器加入其中。通过使用手和脚做出不同的动作，他们的大肌肉运动技能得到了发展。你还可以组织一次游行表演，把戏剧游戏也带到这个区域。

戏剧游戏区。随着学步儿越来越会创编故事，你可能需要花费很多的时间和心思来设计这个区域。为了让材料和主题对儿童有意义，你需要花一些时间倾听儿童从而获得灵感。例如，也许某个学步儿提及他和家人一起去了动物园，某一组学步儿可能对小马桶产生了兴趣，或者其他学步儿分享了家人要在周末去野营。

你还需要考虑学步儿的家庭文化。他们经历的哪一个活动是他们的家庭所特有的？你如何在戏剧游戏区体现这一活动？例如，大部分学步儿都有就医经历，围绕这一经历开展游戏对学步儿来说非常有价值。所以，你要为学步儿提供接触真实医疗器具的机会，以帮助他们克服恐惧；同时，与成人互动能够帮助他们区分真实和想象，发现这两者之间的界限（Luckenbill & Zide，2017）。

当你需要探索一个现实生活中的概念时，你需要思考学步儿的需求，包括应当继续保留哪些元素，因为学步儿仍然对此很感兴趣。例如，如果学步儿仍然需要使用医院游戏道具来应对住院这件事，那么这些道具就必须保留；你可以把它们转移到另一个区域，或者把它们当作新设计的一部分。接下来，你需要找到材料并开始设计。

尽管围绕学步儿所熟悉的事物开展戏剧游戏很重要且很受欢迎，但是你也可以向这个年龄段的儿童介绍家庭以外的事物。如果你和学步儿看到一辆消防车从幼儿园门前疾驰而过，那么你可以围绕消防员设计一节社会学习课。你可以提供道具和工具来鼓励学步儿表征自己的想法，比如，消防员的制服、靴子、长长的水管、手电筒。为了拓展他们的游戏想法，你甚至可以邀请一名消防员来到班级或者带领孩子们去参观消防站，然后请消防员谈谈他所穿戴和使用的东西及其背后的原因。

在这次来访或参观的基础上，你还可以进一步延伸课程。你可以在攀爬架的两侧和背面分别添加一些短软管和梯子，将攀爬架改造成消防车。你可以将消防员的制服放在攀爬架上或旁边的篮子里，并将有关消防车的书籍放在附近的书架上。你还可以在该区域展示世界各地的消防员的图片（记得要包括女性消防员的图片），以及他们用来灭火的工具。

你将会发现，学步儿所开展的消防员游戏主要聚焦于进出消防车，以及戴着消防帽“喷射”水龙。这比集体救火或分配角色来救火更易实现，因为这个阶段的学步儿主要专注于平行游戏，同时他们也刚刚开始能够将攀爬架这样的物品假装成消防车。因此，学步儿需要你的支持来共同参与一个游戏。

以下是学步儿可能喜欢的其他游戏主题，你需要确保所选择的主题与他们的真实生活经验相关。

> 看医生

> 搬家

> 打扫

> 去洗衣店

> 在超市或商场购物

> 举办生日派对

> 参与园艺活动或在农场干活

> 吃比萨、去咖啡厅或去冰激凌店

> 露营、钓鱼、野餐或去海滩
> 乘坐公共汽车、火车或飞机
> 游猎或去动物园探险（取决于学步儿的生活经历与他们所居住的社区）

户外游戏区。在为学步儿设计户外空间时，应尽可能采用与室内相同的兴趣区。有些区域需要明确的界限，如积木区和安静区。积木区的地面要平坦，以便儿童进行建构活动；安静区需要摆放柔软的材料，且避免被雨水淋到。至于其他区域，如艺术和感官区、自然和科学区，将涵盖整个院子的沙子、土壤、水和植物。

户外活动更加随性，因为你在一定程度上需要依靠季节及其馈赠来提供材料。当你以“我想知道”的方式提出问题来拓展学步儿对大自然（比如，昆虫、水洼、花丛等）的理解时，你将会发现教学的时刻比比皆是，而且学步儿会非常专注于研究它们。另外，当你示范对大自然和科学的兴趣，享受大自然和身体运动游戏，以及坦然面对身上的泥点和脏污时，你就向学步儿传递了一个信息：大自然是非常迷人的，弄脏和触摸昆虫是探索大自然的一部分！

为 30—36 个月的学步儿设计游戏空间

这一阶段学步儿的教室环境设计与上一阶段的基本相同，都有同样类型的兴趣区。你应该继续提供能吸引学步儿研究和解决问题的材料，同时要为他们提供开放式游戏活动促使他们挑战自我。

设计一个重视学步儿想法的区域。当你为这个阶段的学步儿设计戏剧游戏区时，你可以这样来拓展他们的游戏和学习：你注意到一个学步儿特别想进行烘焙活动，也特别希望围绕饼干创编一个故事。基于此，你准备了碗、打蛋器、蛋糕杯以及玩具烤箱。创设一个能够支持儿童想法的区域，就是在对他说："是的，你的想法在这里能得到重视。"改变儿童的游戏主题或者无视儿童的游戏信号，则会传达出另一种截然不同的信息，即"我这个大人的想法比你的想法要好"。

用耳朵和眼睛"倾听"学步儿。虽然学步儿还无法集思广益地提出游戏中所需要的材料，但是他们会通过游戏把自己的想法"告诉"你。细心观察可以让你充分了解他们的需求。

例如，你注意到学步儿因为小塑料娃娃发生了一些冲突。在观察了他们的游戏方式后，你发现只有这些塑料娃娃才能被放到一个很受欢迎的塑料轮椅里。基于这些观察，你可能会拓展学步儿的医生游戏，提供更多的小娃娃和其他吸引人的医疗道具，从而降低学步儿对轮椅玩具的需求。

收集课程信息的另一种方式是"倾听"学步儿的对话。这里有几个例子。

圆圈活动时间，在唱《小船划呀划》（*Row*，*Row*，*Row Your Boat*）时，教师问学步儿："不好了，我看到一些鲨鱼！你们想划慢点还是快点呀？"鲨鱼的这个点子让其中一个学步儿特别兴奋，她希望教师来扮演一条鲨鱼。于是，教师在戏水池里搭建了一座两边有低矮台阶的塑料小桥，并在池子里放入一些塑料鲨鱼，从而设计了一个游戏活动。

这一设计可以让学步儿自由地选择是躺在戏水池里，还是站在桥上躲避鲨鱼。这里的空间足够多个学步儿玩鲨鱼游戏，甚至你也可以藏在“水里”扮演鲨鱼。另外，相关的道具也有很多，如软硬不同的塑料小鱼、章鱼、鲸鱼等，学步儿可以对它们进行组合、分类，也可以在游戏中使用它们来代表海洋生物。

这里还有一个例子：在观察到学步儿喜欢儿歌《五只绿色斑点小青蛙》(*Five Green and Speckled Frogs*)，也喜欢从小凳子上跳下来后，教师把蓝色的床单铺到一个大号床垫上，从而创造了一个池塘。教师在“池塘”周围添加了真正的木桩，让学步儿能从上面跳到床垫上。此外，教师还在床垫和木桩旁边放置了一个树形的隧道和一些青蛙木偶，为不太好动的孩子提供了一个休息和躲藏的安静空间。当学步儿在“池塘”里跳来跳去时，教师唱起了儿歌。就这样，学步儿的想法决定了课程内容，而教师对其进行了拓展，从而促使他们在探索材料的过程中加深了对儿歌的理解。

现在，让我们总结一下这种观察儿童的策略，以便你能基于观察为儿童提供适宜的活动、材料以及互动。想象一下，你正在寻找有关学步儿兴趣的线索；问问你自己，需要提供什么道具来拓展他们的学习；然后，通过添加新的材料或提供新的社交机会来做出调整。在观察了初步调整或刺激物所带来的效果后，想象一下该如何再次调整，然后更换材料或添加更多新的道具，从而拓展学步儿的学习。

在整个学年中，随着学步儿的成长来调整班级环境

洛德丝·沙洛克（Lourdes Schallock）是一名学步儿班的主班教师，她分享了自己是如何在一学年中根据班上儿童不断变化的兴趣和能力来调整班级环境的。

学年伊始，那时候学步儿还小，我会根据他们刚刚起步的能力来设计课程。他们当中有的依然会把什么都放到嘴里，有的掌握了非常

基本的精细动作能力，有的仍然致力于独自游戏，但对平行游戏表现出了兴趣。我在布置材料和展示刺激物时会考虑他们的能力范围，以确保所有孩子都有获得成功的机会。同时，我也会确保他们从所选的任务中获得应对挑战的机会。

随着时间的推移，我会更换材料，继续为他们不断发展的能力带来挑战。

随着孩子们能力的发展提供挑战

技能或发展领域	学年伊始	随着时间的推移	学年结束时
精细动作能力、认知领域	大号带把手的拼图； 手指蜡笔； 简单的带有三个孔的形状分类盒	能用指尖抓握的带小把手的拼图； 粗蜡笔； 短粗的记号笔	更长的记号笔； 更细的水彩铅笔； 多面体形状分类盒
建构能力	可以用来搭建、推倒或扔着玩的柔软积木	用来堆叠并看看能堆多高的大号硬积木	各种木质积木，包括用来搭建道路、塔楼和动物园的小号单元积木
图书阅读	只有少量文字和简短情节的图画书	通过提问来激励儿童解决问题的翻翻书	包含更为复杂的剧情和角色的图书
假装和社交游戏	数个相同的物品（至少有3个；如果该物品受欢迎，则需要准备更多），如简单的形状分类盒、翻斗车、杯子、塑料食物以及收银机等，供孩子们探索和开展平行游戏	在戏剧游戏区投放基本的生活物品，比如，玩做饭游戏用的道具（3个相同的锅、勺子和塑料食物）； 当学步儿开始假装制作意大利面或假装制作他们在家里吃过的其他食物时，可以提供一些与新主题有关的材料	能够基于学步儿的兴趣和能力来丰富物品，比如，用来沥干意大利面的漏勺、用来夹起意大利面的夹子

学年结束时，有些学步儿实际上已经是学龄前儿童了。因此，我会根据他们的发展需要和能力重新布置教室，并时刻牢记他们的能力和发展水平是多种多样的。此时，这一年的课程已经涵盖了所有的主题。有一次，我们在一个半隐蔽的区域投放了玩具小马桶、真正的卫生纸、垃圾桶，以及假装的水池和香皂，开展了“上厕所”主题活动。我们还准备了真正的内裤供孩子们探索，以及其他衣物鼓励他们穿上，如衬衫、鞋子、帽子等。在学年结束时，很多孩子已经会穿这些了。

提供有助于培养学步儿自我认同感的道具。这个阶段的学步儿刚刚开始定义自我。他们会经常把他们喜欢和不喜欢的事物、自己的性别，以及他们观察到的自己与他人的不同告诉你。提供种类丰富的道具，有助于学步儿发展自我认同感。

家庭和社会的看法可能会限制学步儿的游戏。例如，一个小男孩的家人也许告诉他不能使用姐姐的粉色餐具和玩具厨房，他可能会因此回避教室里的戏剧游戏区。在教室里，让每个学步儿都能够使用所有的道具非常重要，例如，男孩可以尝试穿裙子，女孩可以戴上建筑工人的安全帽。避免提供粉色和蓝色的玩具，而是应当使用原木色的和外观逼真的厨房用具，尤其是在戏剧游戏区。学步儿会自己决定如何定义自我。限制他们使用某些材料会传递出一种明确的信息，即他们身上有哪些方面是你重视的、有哪些方面是你不能接受的。

33 个月大的莎拉

妈妈：玩游戏让你有什么感觉呀？

莎拉：我不知道，是开心吧？

运用有关儿童发展的知识和你对班上儿童的了解来设计活动，从而促进他们的学习。正如我们在本书中所一直强调的，你要仔细观察学步儿并调整活动空间和材料，从而支持他们新技能的发展。你既要对儿童发展的里程碑有所了解，又要认识到每个孩子的独特需求，特别是当你的班里有特殊需要的孩子时。类似《预期发展结果概况》的评估工具将有助于你根据每个孩子当前所展现的能力，了解他接下来可能有哪些发展。留意每个学步儿呈现的新技能和新认识，有助于你了解应该提供哪些既为他们喜欢又符合其发展水平的材料和活动。

以下两个例子展现了教师是如何根据学步儿的发展水平来为他们规划活动的。

根据学步儿的能力调整游戏活动

阿曼德老师观察到，他班上的 12 名学步儿（24—30 个月）都很喜欢“钓鱼”、攀爬和躲藏。他们都能够登上台阶，但是伊莎多拉的平衡性没有其他孩子稳定，她在 24 个月大时才学会走路。阿曼德老师用两组台阶设计了一个“钓鱼”的场景，其中一组台阶朝上、一组台阶朝下。两组台阶的中间是一架平放着的梯子，梯子下面是塑料泡沫做的池塘。鉴于交替双脚爬梯子对伊莎多拉来说有点困难，教师还准备了第二座“桥”——把一个滑梯平放在了两组台阶中间。

在观察到班上的学步儿（26—30个月）可以用两只手做任务（手眼协调能力），而且许多孩子最近都去看过医生后，卡特里娜老师创设了一个诊所。她知道，有的学步儿可以快速、轻松地打开创可贴，有的则不行。因此，她时刻待在他们旁边准备指导他们打开创可贴。她鼓励班上的孩子做自己能做的，但会根据每个孩子的不同发展水平提供帮助。久而久之，卡特里娜邀请所有学步儿尝试使用创可贴，并且根据对他们的精细动作能力和手眼协调能力的观察来调整对每个孩子的支持。

与学步儿一起摆弄、制作和进行工程活动

摆弄（tinker）是指探索开放性材料——用它们来建造、连接、混合、塑形和装饰——并开始学着使用工具（Heroman，2017）。制作是朝着完成最终成品或创造而努力。这两者都是由儿童主导和设计的，尽管在这一过程中他们可能需要成人的协助。工程活动则是由成人提出一个有待解决的问题、大家一起想出解决办法、在实践中测试办法，以及重新审视解决办法以便完善和改进（Heroman，2017）。

当学步儿成长为年幼的学龄前儿童时，你将会发现他们的制作活动变得更加具有目的性。一般来说，他们会花时间摆弄材料，然后看看自己制作的东西并给它命名。例如，他们可能会把面团搓成蛇的形状，然后告诉你这是一条蛇，而不是先计划要制作一条蛇，然后再搓面团。不过，他们也开始思考自己要制作什么东西，并把“饼干”“墨西哥玉米卷”和其他起好名字的“美食”拿给你。

当学步儿成长为学龄前儿童时，他们思考抽象概念、在脑海中制订计划或想出办法，以及围绕计划或办法去解决问题的能力将会大大增强。因此，你会看到，他们在升入下一个年级后会进行工程活动。

话虽如此，你还是可以鼓励较大的学步儿运用基本的工程元素。学步儿班的主班教师洛德丝·沙洛克做过大量有关与学步儿开展工程活动的研究。她指出：“学步儿在与周围的环境互动时，会随时投入工程活动。作为一名教师，在孩子们参与工程活动的不同阶段，我会为他们提供探索所需要的语言和支持，从而促进他们的活动。”她分享了以下步骤和策略。

第一步：正视学步儿的问题或目标。他的问题或目标是什么？他正在尝试做什么？根据儿童及其活动，你可以采用不同的方式做到这一点。例如，你可以说：“我看到球卡在管子里了，你正在把它弄出来。”“这摞积木摇摇晃晃的，你是不是想在上面再放一块？”“当你推汽车时，它没有滚上斜坡。”

第二步：鼓励学步儿想象可能的解决方法并实施它们。虽然有些学步儿会回应你的对话或谈论他们正在做的事情，但是大多数学步儿是默

默地从一个阶段过渡到下一个阶段的，不会与你进行多少交流。当你静静地观察他们如何处理问题时，你可以采用“我想知道”的句式来提出建议。例如，“我想知道，你是否想移动或倾斜管子。”“我想知道，你怎样能够使塔更稳定，这样当你把最后一块积木放在上面时，它就不会倒了。”“你正在非常轻地推汽车，我想知道当你用力推时会怎样。”这样的表达方式让儿童可以自由地选择是接受还是拒绝你的建议。

你的目标是促进他们的工程活动，你要让他们主导活动而不是给他们提供答案。你正在为他们获得成功的结果铺平道路，即使这样的结果在你看来没有什么意义。

第三步：创造或建造。当学步儿实施他们的解决方法时，他们可能需要材料和空间来实现。你需要为他们提供充足的空间，有技巧地摆放他们可能需要或具有无限可能性的材料，并保持警醒，以免其他孩子把这些材料拿走。

你可以通过解说他们的行为来支持他们实施解决方法。例如，你可以说：“你把管子抬起来了一点儿，我听到球在里面慢慢滚动的声音，但并没有滚出来……我想知道，如果你让它滚得快一点会怎样。你会怎样做？……哦，你把管子抬高了……球就出来了！”

第四步：调整学步儿的想法。当学步儿尝试采用不同的方法解决问题时，你要继续支持他们，直到他们实现自己的目标。有些学步儿可能会选择放弃，你可以通过解说他们正在做什么、哪里成功了、哪里失败了以及为什么会这样来帮助他们坚持下去。例如，你可以说：“车差一点儿就滚上斜坡了。再试一次吧。我想知道，如果你这次推得更用力会怎样……啊，你更用力了，它滚得更高了！再来一次，你能做到的……啊，你做到了！你推得更用力了，车一路滚上了斜坡。你用了很大的力气！”在进行解说时，你的语言要简洁、丰富和准确。

学步儿可能会在工程活动的任一阶段加入其中，也可能穿梭于两个阶段之间。大多数学步儿会首先建造一些东西或试图完成一项任务，然后遇到需要解决的问题。你的目标是支持和鼓励他们，并向他们提出建议，而不是接手任务。有些学步儿会参与很长时间，有些学步儿则很快就会去探索其他区域。这都没有关系。

与学步儿一起游戏是一种冒险。他们的思维方式与你截然不同，你永远也不知道接下来会发生什么。学步儿总是一刻不停歇地试探他们所处世界的边界——他们的身体、玩具和材料以及他们的玩伴能做什么——而结果往往是既具有挑战性又让人忍俊不禁！作为学步儿的教师，你需要使用你的“工具箱”中的每一个“工具”，如坚持、专注、机敏和幽默。当你这样做的时候，你会为你和学步儿所取得的进步而感到惊喜！

第 5 章

与具有不同特征、能力和需求的儿童游戏

你所照护的儿童可能具有不同的能力和需求，包括发展迟缓或身体残疾。无论儿童处于哪个发展阶段，你都可以通过调整空间、课程和你的互动方式来支持他们。

创设一个能包容所有儿童的教室环境似乎很难，但你其实能够为来自不同背景，并且具有不同能力和发展水平的婴幼儿创设一个舒适的学习和成长环境。虽然拥有高素质的教师队伍、小规模的教学小组和适宜的师生比例等因素很重要，但是在你的机构里，你可能会面临各种不太理想的情况。尽管如此，你仍然可以专注于为婴幼儿提供一个积极、健康的学习环境，设计出适宜所有婴幼儿发展的课程，并将家长视为合作伙伴。本书已经介绍了许多方法，它们有助于你为婴幼儿提供复杂程度不同的活动。本章还给出了其他建议。

请记住，游戏是所有儿童的工作。因此，无论儿童处于哪个发展阶段，教室空间的布置都必须便于他们游戏，契合他们的兴趣和能力，并能让他们安全地进行开放式探索。这就意味着你需要改变教室设计，以便儿童既能在较低的位置（地板上）拿到材料，又能在较高的位置（对坐在轮椅上的儿童而言）拿到材料。你还需要调整材料，从而帮助儿童获得成功。例如，使用医用胶布让擀面杖的两端更便于儿童抓握。你要确保儿童能够轻松地拿到材料，并自由地选择和使用它们——这是支持儿童探索因果关系、解决问题和参与创造性游戏的关键。

此外，你还需要考虑其他因素，以便儿童可以成功地参与游戏。对一个患有听力障碍的儿童来说，要在有大量噪声的背景下捕捉游戏的信号并听清你对游戏的解说，是极具挑战性的。因此，在不开展舞蹈活动或户外音乐活动时，你要限制背景音乐的播放。如果一个儿童极易被感官体验弄得不知所措，那么你一定要提供工具来促进他的探索。例如，如果他不想直接触摸泡沫，那么就让他拿着一根棍子去戳一戳，这可能会让他感到舒服自在。

与家长合作时，采用基于儿童长处的模式

许多家长会把自己的孩子与班级中的其他孩子放在一起进行比较。私下里，你可能会经常听到这样的对话：某个孩子能数多少个数、某个

孩子的如厕训练有多棒、某个孩子晚上睡得有多乖，以及某个孩子在拼拼图方面是多么聪明。

对发展迟缓儿童的家长来说，这样的对话可能会让他们感到很痛苦！帮助这些家长找到支持很重要，他们不仅需要孩子的治疗师和医生提供支持，更需要有相似经历的家长提供支持。对这些家长来说，明白自己的孩子会以独有的速度和方式继续成长并发展能力，这一点也非常重要。

为了更好地了解儿童在各种情况下的游戏能力，你可以邀请家长一同观察儿童。由于家长是自己孩子的专家，并且经常自行研究孩子的问题，或者寻求专家的指导，因此，他们的观点对于帮助孩子持续融入班级很有价值。家长会将你视为创建课堂文化、设立教育期望和安排日常活动的专家，他们需要你来确定他们的孩子如何在教室中成长和发展。

当你的班级接收了残疾儿童时，你必须考虑如何更好地支持他的游戏以及他与其他孩子的互动。你可能会发现，一些残疾儿童的家长还没有准备好让他们的孩子接受你认为适宜的课堂挑战。他们倾向于保护孩子远离身体上的冒险活动，或不愿意孩子走出舒适区。你可以通过照片和视频记录孩子在教室里所做的事情，这样你就能经常在家长会上与家长分享孩子的长处，然后跟他们讨论如何以这些长处为基础，鼓励孩子从事一些小的冒险活动或者稍微离开自己的舒适区，从而促进孩子的发展。

在讨论采取哪些措施之前先让家长看到孩子的能力，这有助于家长将孩子视为有能力的学习者，明白孩子将以自己独有的速度成长和前行。当家长看到孩子在学校里取得成功时，他们往往渴望加入你的行列，在家中给予孩子类似的体验。

教师：看，莱拉竟然能坐在椅子上了！她比一个月前强壮多了。我们可以尝试把艺术材料放在一张小桌子上，而不是放在她的高脚椅上。

家长：我都不知道她能坐在椅子上了！我们会试试你的提议。

支持儿童参与游戏的策略

许多发展迟缓或残疾儿童可能需要教师对活动或材料做一些简单的调整，还有一些儿童则需要教师提供更多的支持。当你思考如何帮助所有儿童成功地参与游戏时，要审视你的教室环境、一日常规、你与儿童互动的方式以及儿童彼此之间的互动。首先，要把有特殊需要的儿童看作儿童，并记住最佳的实践是指适宜所有儿童的实践。

例如，将患有听力障碍的儿童纳入教室，这意味着你要避免在教室环境中播放背景音乐，除非你计划开展舞蹈活动或类似的活动。但是，创设一个便于沟通的空间，让教师和儿童都能听清彼此的声音，并且有目的地播放音乐，却是有助于所有儿童拓展语言技能的最佳实践。

从关注残疾转变为以儿童为中心的思维模式

采用以儿童为中心的思维模式，意味着你首先需要将有特殊需要的儿童视为儿童，然后再将其视为发展迟缓或身患残疾的儿童。因此，不要认为你的班级接收了“一名患有唐氏综合征的儿童”，而是接收了梅利莎，她患有唐氏综合征。然后，你可以研究梅利莎在各个发展领域参与游戏的诸多方式。这有助于你关注这个孩子能做什么，并促使你发现：她是有能力的学习者，甚至在某些方面超越了同龄孩子，例如，她在同伴互动中表现出同理心，或者在躲猫猫游戏中很好地与你互动。在其他方面，如穿衣、攀爬或口头交流，她可能需要更多的支持，从而使她的小伙伴理解她的想法。当你与她一起游戏，并和她的家长及治疗师携手合作来支持她时，你将会发现她的能力和自信心不断地提高，并为她的能力发展而欢喜庆祝。

将发展迟缓的学步儿纳入班级

泽诺比娅在24个月大时来到了学步儿教室。她在出生时经历了严重的产伤，在语言和大动作技能方面表现出发展迟缓的症状。将泽诺比娅纳入教室意味着教师需要与她的家人和职业治疗师密切合作，从而给她提供适宜的游戏活动。泽诺比娅能够和同伴一起参与艺术活动。她喜欢玩面团，也喜欢玩水，而参与这些活动给了她一个可以和其他儿童一起进行平行游戏的机会。

汉娜老师和谢尔比老师据此调整了泽诺比娅的大肌肉运动活动，例如，攀爬活动。她们会待在泽诺比娅身旁指导她攀爬。她们还提供了其他方式来帮助她获得成功，例如，让她通过更简单的台阶爬到攀爬架上，同龄孩子则使用更复杂的攀岩墙来攀爬。教室中所有的学步儿都同时使用手势和语言来交流，因此，有语言发展迟缓问题的泽诺比娅也能很容易地适应环境，因为她可以用手势或语言来参与同伴的游戏。汉娜老师和谢尔比老师观察到，泽诺比娅受到了其他学步儿的重视，并没有因她的差异而被排除在外，她还经常被邀请加入其他儿童的游戏。有一天，她从阁楼上跑下来，而其他几个学步儿站在楼下，挥舞着旗帜为她欢呼，这是值得纪念的一天。

调整活动以满足儿童的独特需求

虽然一个儿童的兴趣和能力可能与同龄儿童的不同，但是你可以在支持他的兴趣（比如，摇晃、啃咬和敲打物品）的同时调整活动，使活动适宜他的年龄发展水平。这将使得他与同龄伙伴一起参与同样的活动。例如，如果所有儿童都喜欢随着音乐摇摆，那么你可以额外提供沙蛋，这样一来，身处学步儿班级但兴趣更偏向婴儿班级的孩子就能获得相同的游戏体验。

你的教室里可能有并非残疾，但由于其他原因同样需要你给予重点支持的孩子。曾经遭受虐待或忽视的婴幼儿，或者有很多住院治疗经历的婴幼儿，一开始可能不会主动找你一起游戏，或者在教室里进行游戏时会感到不自在。对于这类孩子，你可能需要专门陪伴他们，或者与他们进行一对一的游戏，从而指导并帮助他们认识到教室是他们可以信任和感到安全的地方。

对双语学习者来说，在教室里使用母语进行交流，是让他们感到舒服并获得成功的关键。在下面的例子中，实习教师用儿童的母语与儿童交流。

支持一名双语学习者

小明在25个月大时来到了学步儿教室。他只会说中文，他之前一直和祖父母在中国生活，最近才来到美国。起初，他非常害怕玩游戏，但是他所在班上不仅会说中文而且极具耐心的老师们发现，小明对飞机、艺术和自然活动很有热情。于是，她们为他设计了相关的游戏活动。她们把塑料飞机放到架子上，在花园里布置了玩水的玩具，并邀请小明一起收割和品尝芹菜。这些师生一起共享游戏和兴趣的时刻，帮助小明在积木区和院子里更长时间地、更自在地游戏。随着时间的推移，小明逐渐能够参与同伴的活动，比如，吹泡泡和挖洞，他甚至可以和他们说几句英语。小明取得进步的关键，是老师们愿意使用他的母语与他交流。

你的机构中可能没有能讲某个孩子的母语的教师。但是，你可以与家长及社区合作，寻找会说孩子母语的人，并自行学习该母语中的一些词汇，即使只是几个单词。

促进有特殊需要的儿童与其他儿童一起游戏

残疾儿童有时难以参与同伴的游戏，可能是因为身体上的障碍，比如，听不清游戏的信号；也可能是因为遇到了身体上的挑战，比如，当其他学步儿在自行车道上快速地推动手推车时，残疾儿童难以跟上他们；还有可能是因为遇到了社交上的挑战，比如，在与他人进行眼神交流，或者进行近距离的身体互动时，残疾儿童感到极不自在。你必须担任这类儿童的游戏指导者，成为他们与同伴沟通的桥梁，并为他们的互动提供一些技巧。例如，你必须待在孩子的附近，向他和他的同伴指明社交的信号："拉希德，你看，奥利弗在对你微笑。我想，他很喜欢和你玩追逐游戏。我打赌，他一定想再来一次。”

寻找让所有儿童都能融入班级文化的方法。鼓励每个人都学习一些手势来与听力障碍儿童交流。创设教室环境，以鼓励儿童进行不同方式及多层次的探索。

为每个儿童定制工具箱

你会尝试采用许多新工具来帮助所有儿童提升游戏技能，并为每一个儿童的能力发展提供支持。每一个加入你班级的孩子都是独一无二的，值得你采取个性化的、回应性的方式来支持他们。你承担着一项重要的职责：适应每个孩子的需求，并为他们创设一个既具有个性化又具有共享性的成长、游戏和学习空间。

如何才能做到呢？

使用质量评估工具来帮助自己设计活动。首先，你要密切地观察并记录孩子的活动、情绪、互动、能力和成就。你可以使用专为婴幼儿设计的高质量评估工具，比如，美国加利福尼亚州的《预期发展结果概况》；也可以使用某一广泛实施的婴幼儿课程框架所研发的评估工具，比如，创造性课程的《黄金评估系统》[1]，高瞻课程的《学前儿童观察评价系统》[2]。这些工具可以确保你的观察记录是广泛、客观的，且基于照护环境中儿童的游戏活动。一旦你收集了所需要的信息，并思考了儿童接下来可能萌发的技能，你就可以采用前面章节中所讨论的策略来设计活动，从而促进这些技能的发展。

运用个人经验以及有关儿童发展的知识。很重要的一点是，你要认识到，当你积极地参与儿童的日常活动，并通过课程和互动来支持儿童的新技能发展时，你的专业性体现在你对儿童发展方面的知识的了解，

---

1 GOLD Assessment System，由道治（Dodge）编制，是与在美国广泛流行的创造性课程相匹配的评估系统，适用于评估 0—6 岁儿童的持续发展能力和学习进度，包括社会性和情绪、身体发展、语言、认知等 10 个部分。——译者注

2 High Scope Child Observation Record，是美国高瞻课程的主要评价工具，该系统的评估对象为 0—6 岁儿童，评估内容包括学习方式、社会性与情绪发展、身体发展与健康等 9 个领域。——译者注

以及你观察、反思和适应的能力。虽然评估、诊断、给儿童的发展差异贴上适宜的标签以及提供具体的治疗策略是医生及早期干预专家的工作（与他们密切合作对你来说至关重要），但是，你也应当信赖自己在支持所有婴幼儿的学习与发展方面的直觉和专业知识。

将一个有医疗需求的婴儿纳入班级

莱肖恩和他的家人在他11个月大时来到婴儿教室。出生时，莱肖恩就被诊断出患有胃肠疾病，他在医院接受了多次痛苦的手术，差点死去。将莱肖恩纳入班级，意味着教师要了解他的胃导管以及专门的喂养需求，以及如何处理他对家人以外的其他人所抱有的深深的且真实的不信任感（在医院里，大多数陌生人都会对他微笑，但同时也会给他带来疼痛，对正在学习信任他人的婴儿来说，这是一个令人困惑的信息）。

教师们发现，将这个运动和进食技能只有3个月大孩子的水平，但又具备自身年龄段所应有的认知技能的11个月大的孩子纳入班级，并不是一个挑战，因为他们已经照护过需要教师协助才能进食的不会移动的婴儿，他们可以将适宜莱肖恩的课程材料放到他身旁，并和他一起探索。为莱肖恩设计的课程包括在教室中增加医疗游戏道具，这样他就可以通过游戏来表达他的真实恐惧，并控制自己对真实的医疗器具的感受。教师们也意识到他对触摸非常敏感，因为在游戏中，当同伴无意中擦过或撞到他时，他常会变得心烦意乱。在教师的指导下，其他学步儿开始注意到他的眼泪，并帮助他平静下来，他们给他看家人的照片，或者给他唱歌。因为他，大家的同理心被唤醒了！无论对家长还是孩子，这都弥足珍贵。

将具有不同能力的儿童纳入班级，对每个人来说都是一份珍贵的礼物！当你帮助儿童以有意义的方式参与游戏时，你会发现自己在成长，在尝试新的处事方式，并为自己的教学“工具箱”添加了新技能。与残疾儿童专家合作，甚至能让你了解与其他儿童互动的新方式，并为没有资格享受特殊服务的孩子提供支持。尽管全纳教育意味着你需要付出额外的努力，包括记录学习与设计课程，但是，当你看到每个儿童都在茁壮成长，并且他们每天都在从事新的游戏挑战时，你会知道你得到的回报是丰厚的，你的付出是值得的！

结　语

当婴幼儿通过游戏探索他们周围的世界时，作为教师的你是该过程的核心。你观察他们，与他们互动，并进行着创造。你观察他们，以便尽可能多地了解每个儿童的兴趣、能力和发展进程。你与他们互动，以便积极地回应他们的游戏，并促进他们的新技能和新理解。你一边记录和反思师幼共同开展的活动，一边创造，以便持续地改进环境及课程，促进婴幼儿的学习。

作为一名婴幼儿教师，你每天都事务繁多、忙忙碌碌。你的大多数活动都围绕着一日常规展开，如喂食、穿衣、抚慰和清洁等，每天都像例行公事一样。但是，每一项日常工作都能以游戏化的方式完成，从而通过你和婴幼儿共同参与的活动来加强你们之间的联系。例如，“你的袜子呢？就在那儿！”虽然这一游戏日日重复，但是仍能引发你和孩子的微笑。保持你的幽默感和你对细节的留意，能够减轻你的负担，也能帮助你以积极的心态看待周围发生的事情。你可以根据婴幼儿的新技能或新发现创编一首歌曲或一个小仪式，表明你注意到并重视他的努力和兴趣。向婴幼儿展示你的快乐并说出你的想法，就是在告诉他，你是一个非常真实的人，同时也是一名有趣的、积极参与的游戏伙伴！

唐纳德·温尼科特的名言捕捉到了婴幼儿与教师之间这种重要的相互作用：“从来就没有婴儿这回事儿……你描述的其实是婴儿和与他互动的人。”（Donald Winnicott，1957，137）当你与他们建立了温暖的、相互关爱的关系时，即使小婴儿也会成为有能力、有信心的学习者。当你成为他们在教室中的“安全基地”时，他们知道可以信任你，你会支持他们为独立发展而做出的努力。当你为他们获得的新发现而庆贺时，你们一同经历的冒险将滋养你们双方的成长！

参考文献

Balaban, N. 2011. "Easing the Separation Process for Infants, Toddlers, and Families." In *Spotlight on Infants and Toddlers,* eds. D. Koralek & L.G. Gillespie, 14–20. Washington, DC: NAEYC.

Berk, L., & A. Meyers. 2013. "The Role of Make- Believe Play in the Development of Executive Function: Status of Research and Future Directions." *American Journal of Play* 6 (1): 98–110.

Bonawitz, E.L., P. Shafto, H. Gweon, N.D. Goodman, E. Spelke, & L. Schulz. 2011. "The Double-Edged Sword of Pedagogy: Instruction Limits Spontaneous Exploration and Discovery." *Cognition* 120 (3): 322–30.

Bongiorno, L. 2019. "Play and Learning Go Hand in Hand." In *Serious Fun: How Guided Play Extends Children's Learning,* eds. M.L. Masterson & H. Bohart, 116–117. Washington, DC: NAEYC.

Bornstein, M.H., M.E. Arterberry, & M.E. Lamb. 2013. *Development in Infancy: A Contemporary Introduction.* 5th ed. New York: Psychology Press.

Carlson, F.M. 2011. *Big Body Play: Why Boisterous, Vigorous, and Very Physical Play Is Essential to Children's Development and Learning*. Washington, DC: NAEYC.

Cohen, L.E., & J. Emmons. 2017. "Block Play: Spatial Language with Preschool and School- Aged Children." *Early Child Development and Care* 187 (5/6): 967–77.

Csikszentmihalyi, M. 2014. *Flow and the Foundations of Positive Psychology: The Collected Works of Mihaly Csikszentmihalyi.* Vol. 2. New York: Springer.

Da Ros, D.A., & B.A. Kovach. 1998. "Assisting Toddlers and Caregivers During Conflict Resolutions: Interactions that Promote Socialization." *Childhood*

Education 75 (1): 25–30.

Erikson, E.H. 1950. *Childhood and Society*. New York: Norton.

Evans, B. 2016. *You Can't Come to My Birthday Party! Conflict Resolution with Young Children.* 2nd ed. Ypsilanti, MI: HighScope Press.

Galinsky, E. 2010. *Mind in the Making: The Seven Essential Life Skills Every Child Needs.* New York: Harper Collins.

Gerber, R.J., T. Wilks, & C. Erdie-Lalena. 2010. "Developmental Milestones: Motor Development." *Pediatrics in Review* 31 (7): 267–76.

Gillespie, L.G., & J.D. Greenberg. 2017. "Empowering Infants' and Toddlers' Learning Through Scaffolding." Rocking and Rolling. *Young Children* 72 (2): 90–93.

Gopnik, A. 2009. *The Philosophical Baby: What Children's Minds Tell Us About Truth, Love, and the Meaning of Life.* New York: Farrar, Straus and Giroux.

Greenberg, J. 2012. "More, All Gone, Empty, Full: Math Talk Every Day in Every Way." *Young Children* 67 (3): 62–64.

Greenspan, S. 2011. "Emotional Development in Infants and Toddlers." In *Infant/Toddler Caregiving: A Guide to Social-Emotional Growth and Socialization,* 2nd ed., ed. J.R. Lally, 15–18. Sacramento: California Department of Education.

Greenspan, S. With N.B. Lewis. 1999. *Building Healthy Minds: The Six Experiences That Create Intelligence and Emotional Growth in Babies and Young Children.* New York: Da Capo.

Gross, D. 2008. *Infancy: Development from Birth to Age 3.* Boston: Allyn & Bacon.

Halle, T., R. Anderson, A. Blasberg, A. Chrisler, & S. Simkin. 2011. *Quality of Caregiver- Child Interactions for Infants and Toddlers (Q-CCIIT). A Review of the Literature.* Washington, DC: Office of Planning, Research, and Evaluation, Administration for Children and Families, US Department of Health and Human Services.

Heroman, C. 2017. *Making and Tinkering With STEM: Solving Design Challenges With Young Children.* Washington, DC: NAEYC.

Karp, H. 2015. *The Happiest Baby on The Block: The New Way to Calm Crying and Help Your Newborn Baby Sleep Longer*. 2nd ed. New York: Bantam Books.

Kirk, E., N. Howlett, K.J. Pine, & B.C. Fletcher. 2012. "To Sign or Not to Sign? The Impact of Encouraging Infants to Gesture on Infant Language and Maternal Mind-Mindedness." *Child Development* 84 (2): 574–90.

Lally, J.R., P.L. Mangione, S. Signer, & G.O. Butterfield 1998. *Early Messages: Facilitating Language Development and Communication.* DVD. Sacramento: California Department of Education.

Lally, J.R., P.L. Mangione, S. Signer, G.O. Butterfield & S. Gilford. 1990. *Getting in Tune: Creating Nurturing Relationships with Infants and Toddlers*. The Program for Infant/ Toddler Caregivers (developed collaboratively by the California Department of Education and WestEd).

Lally, J.R., J. Stewart, & D. Greenwald, eds. 2009. *Infant/Toddler Caregiving: A Guide to Setting Up Environments.* 2nd ed. Sacramento: California Department of Education.

Luckenbill J. 2012. "Getting the Picture: Using the Digital Camera as a Tool to Support Reflective Practice and Responsive Care." *Young Children* 67 (2): 28–36.

Luckenbill, J., & L. Shallock. 2015. "Designing and Using a Developmentally Appropriate Block Area for Infants and Toddlers." *Young Children* 70 (1): 8–17.

Luckenbill, J., & A. Zide. 2017. "Supporting Medically Fragile Children and Their Families." *Young Children* 72 (4): 79–84.

Maguire-Fong, M.J. 2015. *Teaching and Learning with Infants and Toddlers: Where Meaning Making Begins*. San Francisco: WestEd.

Mahler, M.S., F. Pine, & A. Bergman. 1975. *The Psychological Birth of the*

Human Infant: Symbiosis and Individuation. London: Hutchinson & Co.

NAEYC. 2009. “Developmentally Appropriate Practice in Early Childhood Programs Serving Children Birth through Age 8.” Position statement. Washington, DC: NAEYC.

Petersen, S. 2012. “School Readiness for Infants and Toddlers? Really? Yes, Really!” *Young Children* 67 (4): 10–13.

Ramani, G.B. 2012. “Influence of a Playful, Child- Directed Context on Preschool Children’s Peer Cooperation.” *Merrill-Palmer Quarterly* 58 (2): 159–90.

Schulz, L.E., & E.B. Bonawitz. 2007. “Serious Fun: Preschoolers Engage in More Exploratory Play When Evidence Is Confounded.” *Developmental Psychology* 43 (4): 1045–50.

Schwarz, T., & J. Luckenbill. 2012. “Let’s Get Messy! Exploring Sensory and Art Activities with Infants and Toddlers.” *Young Children* 67 (4): 26–35.

Shumaker, H. 2012. *It’s OK Not to Share . . . And Other Renegade Rules for Raising Competent and Compassionate Kids.* New York: Jeremy P. Tarcher/ Penguin.

Stahl, A.E., & L. Feigenson. 2015. “Observing the Unexpected Enhances Infants’ Learning and Exploration.” *Science* 348 (6230): 91–4.

Stifter, C.A., & D. Moyer. 1991. “The Regulation of Positive Affect: Gaze Aversion Activity During Mother-Infant Interaction.” *Infant Behavior and Development* 14 (1): 111–23.

Vaish, A., M. Carpenter, & M. Tomasello. 2016. “The Early Emergence of Guilt-Motivated Prosocial Behavior.” *Child Development* 87 (6): 1772–82.

Wanerman, T. 2015. “Engage-Reflect-Plan: An Introduction to Inclusive Support of Diverse Learners.” Teacher in-service presentation, Gan Haverim Preschool, Davis, CA, August 25.

Wang, J., & K.C. Barrett. 2013. “Mastery Motivation and Self-Regulation During Early Childhood.” In *Handbook of Self-Regulatory Processes in Development: New Directions and International Perspectives,* eds. K.C.

Barrett, N.A. Fox, G.A. Morgan, D.J. Fidler, & L.A. Daunhauer, 337–80. New York: Psychology Press.

Waters, S.F., T.V. West, & W.B. Mendes. 2014. "Stress Contagion: Physiological Covariation Between Mothers and Infants." *Psychological Science* 25 (4): 934–42.

Williamson, G.G., & M.E. Anzalone. 2001. *Sensory Integration and Self-Regulation in Infants and Toddlers: Helping Very Young Children Interact with Their Environment.* Washington, DC: ZERO TO THREE.

Winnicott, D.W. 1957. "Further Thoughts on Babies as Persons." In *The Child and the Outside World: Studies in Developing Relationships,* ed. J. Hardenberg, 134–40. London: Tavistock. First published 1947.

Yogman, M., A. Garner, J. Hutchinson, K. Hirsh-Pasek, & R.M. Golinkoff. 2018. *The Power of Play: A Pediatric Role in Enhancing Development in Young Children.* Report of the AAP Committee on Psychosocial Aspects of Child and Family Health, AA Council on Communications and Media. *Pediatrics* 142 (3): e20182058.

万千教育

幼儿园区域活动指导

书号	书名	著、译者	定价(元)
3055	幼儿园自主性区域活动	贾尼丝·J. 贝蒂 著 邱学青 等 译	88.00
2645	幼儿园户外创造性游戏与学习（全彩）	露丝·威尔逊 著 陈欢 译	58.00
2644	幼儿园户外探索与学习（全彩）	露丝·威尔逊 著 邹海瑞 廖宁燕 等 译	48.00
1935	幼儿园户外环境创设与活动指导（全彩）	董旭花 等 著	72.00
2604	儿童视角的幼儿园班级环境创设（全彩）	桑德拉·邓肯 等 著 马燕 马希武 译	62.00
2598	幼儿园艺术区材料设计与评价（全彩）	王微丽 霍力岩 主编	60.00
2103	幼儿园社会区材料设计与评价（全彩）	王微丽 霍力岩 主编	60.00
1950	幼儿园科学区材料设计与评价（全彩）	王微丽 霍力岩 主编	60.00
1951	幼儿园生活区材料设计与评价（全彩）	王微丽 霍力岩 主编	60.00
1782	幼儿园数学区材料设计与评价（全彩）	王微丽 霍力岩 主编	60.00
1800	幼儿园语言区材料设计与评价（全彩）	王微丽 霍力岩 主编	60.00
9613	幼儿园区域活动 ——环境创设与活动设计方法（全彩）	王微丽 主编	60.00
9149	小区域，大学问 ——幼儿园区域环境创设与活动指导	董旭花 等 著	30.00
9548	幼儿园创造性游戏区域活动指导 （角色区·建构区·表演区）	董旭花 等 编著	32.00

……